KB267863

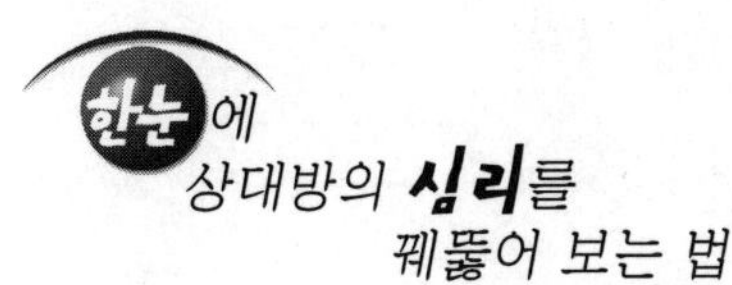

한눈에 상대방의 **심리**를 꿰뚫어 보는 법

사소한 동작과 말에 숨겨진 심리가 나타난다

도서출판 청어람

한눈에 상대방의 심리를 꿰뚫어 보는 법

초판 2쇄 찍은 날 / 2005년 08월 10일
초판 2쇄 펴낸 날 / 2005년 08월 15일

지은이 / 캄바 와타루
옮긴이 / 김진수
그린이 / 김상옥
펴낸이 / 서경석

편집장 / 문혜영
편집 / 김희정 · 이민우
마케팅 / 정필 · 강양원 · 김규진

펴낸곳 / 도서출판 청어람
등록번호 / 제1081-1-89호
등록일자 / 1999. 5. 31
어람번호 / 제3-0002호

주소 / 경기도 부천시 원미구 심곡1동 350-1 남성B/D 3F (우) 420-011
전화 / 032-656-4452 팩스 / 032-656-4453
http://www.chungeoram.com
E-mail / eoram99@chollian.net

ⓒ 캄바 와타루, 2002

ISBN 89-5505-496-3 03830

서문

굶주린 늑대가 먹이를 찾아 헤매고 있을 때 아이를 꾸짖는 노파의 목소리가 들려왔습니다.

"뚝 그치지 않으면 늑대한테 보내 버린다."

늑대는 그 말을 듣고 오랫동안 그 자리에서 꼼짝 않고 기다렸습니다.

해가 질 무렵, 또다시 아이를 달래는 노파의 목소리가 들려왔습니다.

"걱정 마라, 늑대가 오면 내가 쫓아줄 테니까."

늑대는 '인간이란 말과 행동이 다르구나' 라고 중얼거리며 주린 배를 움켜잡고 그곳을 떠났습니다.

위의 내용은 이솝 우화 '늑대와 노파' 에 나오는 이야기입니다.

단순한 얘기라고 웃어넘길 수도 있습니다. 그렇지만 돌이켜 생각해 보면 상대방이 말하는 '알겠습니다' 라는 대답이나 흔히 상사들이 내뱉는 '자네에게 거는 기대가 크네' 라는 말, 혹은 이성 간의 '싫어해', '좋아해' 라는 말의 숨은 뜻을 알지 못해 낭패를 본 적도 있을 것입니다.

속마음을 솔직하게 털어놓을 수 없는 사회에서는 진심을 숨기는 경우가 많습니다.

하지만 숨겨진 속마음은 어떤 식으로든 나타나게 마련입니다. 즉,

상대에게 자신의 마음을 들키지 않으려고 할수록 동작이나 행동을 통해 나타난다는 것입니다.

그런 낌새를 알아챘다면 당신은 상대방의 성격이나 약점까지 쉽게 알 수 있을 것입니다.

상대는 어떤 성격일까? 마음속에 어떤 욕망을 품고 있을까? 평소의 사소한 행동에는 어떤 심리가 숨겨져 있을까?

인간의 마음을 꿰뚫어 보는 능력은 사업을 할 때 혹은 연애를 할 때, 그리고 직장 생활이나 가정에서처럼 일상적인 인간관계를 원만하게 만들어줄 뿐만 아니라 자신의 인생을 행운으로 이끌어주는 '강력한 무기'가 되어줄 것입니다.

이 책에서는 마음속 깊은 곳에 숨어 있는 심리를 다양하고 알기 쉽게 정리해 보았습니다.

자신의 행동이 타인에게 어떻게 비치고 있을까.

이 책을 읽음으로써 당신은 지금까지 깨닫지 못했던 또 다른 자신을 만나게 될 것입니다.

그리고 무의식 속에 잠재되어 있던 욕구가 자신의 행동에 어떤 영향을 미치고 있는가를 객관적인 입장에서 바라볼 수 있게 해줄 것입니다.

마지막으로 이 책이 당신의 인생을 보다 충실하게 만드는 데 도움이 되기를 간절히 바랍니다.

캄바 와타루

1장　몸짓으로 알아보는 심리

2장   행동으로 알아보는 심리

3장　말투로 알아보는 심리

4장   패션으로 알아보는 심리

5장   취향으로 알아보는 심리

1장

몸짓으로 알아보는 심리

손은 입보다 많은 것을 말한다?!

여러 쌍의 남녀가 공원에서 산책을 하고 있습니다. 그중 세 커플의 손동작을 유심히 관찰해 봤습니다.

A커플은 서로 손을 잡고 걸어가고 있습니다.
B커플은 서로 깍지를 끼고 걸어가고 있습니다.
C커플은 팔짱을 끼고 걸어가고 있습니다.

이 세 커플의 친밀도를 순서대로 나열해 보세요. 과연 어떤 커플이 가장 친밀도가 높을까요?

■표정은 숨길 수 있어도 손은 거짓말을 하지 않는다

손은 인간의 감정과 욕구를 직설적으로 표현해 줍니다.
인간의 대뇌 피질을 형성하고 있는 신경 세포 중 압도적인 수의 세포가 손과 얼굴의 움직임을 제어하는 기능을 갖고 있습니

다. '손에 땀을 쥐다' 라는 말이 있듯 얼굴은 태연해 보여도 손에
는 긴장이 나타나게 됩니다. 이처럼 '손 표정' 이 '얼굴 표정' 보
다 정직한 경우도 종종 있습니다. 손동작과 심리 상태에 대해 몇
가지 예를 들어보도록 하겠습니다.

· 팔짱을 낀다

어떻게 팔짱을 끼느냐에 따라 의미가 다릅니다. 가슴을 펴고
높은 위치에서 팔짱을 끼는 것은 자신이 상대보다 우월함을 과
시하고자 하는 것입니다. 그리고 낮은 위치에서 몸을 끌어안듯
이 강하게 팔짱을 끼는 것은 '배리어 시그널(Barrier Signal)' 입니
다. 전면에 바리케이드를 치고자 하는 방어 심리를 나타내는 것
입니다. 몸을 움츠리고 팔짱을 끼는 것은 불안하고 긴장된다는
뜻입니다.

· 여성이 책상 위에 팔꿈치를 올려놓고 깍지를 낀다

거절을 뜻하는 표현입니다. 손으로 울타리를 만들어서 상대방
을 거부하고 있는 것입니다.

· 한 손으로 턱을 괴고 있다

따분하다는 표현입니다. 대화 중에 상대가 이런 동작을 취하
면 이야기의 주도권을 넘기는 편이 좋습니다. 혼자 있을 때 턱을
괴고 있는 사람에게는 '누군가에게 기대고 싶다' 또는 '누군가
가 자신을 지탱해 줬으면 좋겠다' 라는 심리가 잠재되어 있는 것
입니다.

· 테이블 위에 손을 펼쳐 놓는다

편안하게 상대를 받아들이고 있다는 증거입니다.

· 주먹을 쥐거나 주먹으로 반대 편 손바닥을 내려친다

모두 거절을 의미하는 것입니다.

· 뒤통수에 손을 댄다

쑥스러울 때 이런 동작을 취하는 사람이 많은데, 그렇지 않을 경우에는 단순한 습관에 지나지 않습니다. 타인의 접근을 거부하는 경계심을 의미하는 경우에도 이런 행동을 취합니다.

· 가까이에 놓여 있는 물건을 만지작거린다

긴장하고 있다는 증거입니다.

· 턱 밑에다 양손 끝을 모은다

스스로에게 자신이 있다는 것을 상대방에게 전하기 위한 메시지입니다.

· 새끼손가락으로 귀 언저리의 머리카락을 쓸어 넘긴다. 손가락 끝으로 깍지를 낀다. 한쪽 손을 다른 손 위에 올려놓는다

상대의 말을 의심하고 있는 것입니다.

· 이야기를 하고 있는 도중 자주 손가락이나 손톱을 깨문다

인격이 성숙하지 못한 유아적인 성격의 소유자입니다.

· 손을 움켜쥐고 손가락뼈를 뚜둑거린다

상대를 향한 위협과 공격을 의미하는 메시지입니다.

· 옆에 놓여 있는 종이에 낙서를 한다

상대의 이야기를 지루해하고 있는 것입니다. 손목시계를 보는

것도 같은 의미입니다.

· **소매를 걷어붙인다**

적극적으로 상대의 이야기를 듣고 있거나 상대의 계획에 동참
할 의사가 있다는 표현입니다.

· **이마에 손을 댄다**

거짓말을 할 때 자주 나타나는 행동입니다.

· **손가락 끝으로 가볍게 탁자를 두드린다**

초조함과 긴장, 거부감을 나타내는 신호로써 상대가 이런 동작을 시작하면 자연스럽게 이야기를 중단하는 편이 좋습니다. 발끝으로 바닥을 차는 것도 같은 의미입니다.

· 바지나 양복 주머니에 손을 넣는다

기본적으로 손을 감추는 것은 자신의 본심을 보이고 싶지 않다는 경계심을 의미합니다. 상대를 믿지 못하거나 뭔가를 숨기고 있다고 해석할 수도 있습니다.

· 코를 만진다

상대의 이야기에 넘어가서는 안 된다고 생각하고 있습니다.

· 코 옆을 만지작거린다

상대의 이야기를 의심하고 있습니다. 계속해서 이런 동작을 취하는 것은 '거절'을 의미하는 것입니다.

· 코 아래를 만지작거린다

불쾌하다는 뜻입니다.

· 머리카락을 만지작거린다

여성이 남성의 앞에서 자주 머리카락을 만지작거리거나 이야기를 하면서 머리카락을 묶는 듯한 동작을 취한다면 상냥한 말이나 유혹을 기다리고 있다고 해석해도 좋습니다.

혼자 있을 때 습관적으로 머리카락을 만지작거리는 사람에게는 누군가에게 의지하거나 어리광을 피우고 싶다는 심리가 잠재되어 있습니다. 남성이 뺨이나 머리카락을 만지는 것도 같은 의미입니다.

· 머리카락을 쥐어뜯는 등 초조해 보이는 동작을 취한다

뭔가를 후회하고 있거나 초조해하고 있을 때 흔히 볼 수 있는 동작입니다.

앞부분에서 던졌던 질문의 답입니다. 팔(팔짱), 손, 손가락(깍지) 순으로 점점 친밀도가 농후해집니다. 따라서 그에 대한 답은 C, A, B입니다.

깍지를 끼고 걸어가고 있는 B커플이 가장 친밀도가 높은 것입니다.

다리를 꼬는 형태를 통해 알아보는 상대의 본심

　공원 벤치에 나란히 앉아 있는 남녀가 있습니다. 여성의 오른쪽에 앉아 있는 남성은 오른쪽 다리를 왼쪽 다리 위에 올려놓고 있습니다. 한편 여성은 왼쪽 다리를 오른쪽 다리 위에 올려놓고 있습니다. 즉, 서로 원을 그리듯 다리를 꼬고 있습니다.

　자, 당신은 이 두 사람의 관계를 어떻게 생각하십니까.

■다리는 마음의 움직임을 말해 준다

'바디 랭귀지(Body Language)'의 저자 줄리어스 파스트(Julius Fast)는 다리를 꼬는 형태만으로도 가족의 관계를 파악할 수 있다고 합니다. 예를 들면 어머니가 주도적인 역할을 하는 가족 형태의 경우 어머니가 다리를 꼬면 가족 전원이 어머니를 따라 다리를 꼰다고 합니다. 이것은 다리 동작을 통해 어머니가 자신의 명령에 따르라는 무언의 메시지를 가족 전원에게 전하고 있는 증거입니다.

인간의 심리는 동작이나 손의 움직임을 통해서만 알 수 있는 것이 아닙니다. 다리의 움직임은 상대에게 잘 보이지 않는 탓인지 그냥 지나치기 쉽지만 인간의 감정과 욕구를 나타내는 중요한 수단임에 틀림없습니다.

다리를 꼬는 순서를 통해 서열 관계를 알 수 있다는 파스트의 주장은 가정뿐만 아니라 어떠한 조직이나 단체에서도 마찬가지로 적용됩니다. 베테랑 세일즈맨들이 주로 이 관찰법을 사용하는데, 이는 누가 실질적인 권한을 쥐고 있는지 빨리 파악해야만 상품을 팔 수 있기 때문입니다.

또, 다리를 꼬는 방법에 따라 상대의 성격과 심리도 알 수 있습니다. 다리를 꼬는 것은 기본적으로 편안한 자세를 취할 때 나타나는 동작이지만, 꼬는 방법에 따라서는 정반대의 의미도 지니고 있습니다.

　다리를 꼬는 것은 자기 방어를 의미하기도 합니다. 그러나 여성의 경우 보란 듯이 다리를 꼬는 것은 성적인 욕구를 내포하고 있기도 합니다.

　다리를 가볍게 꼬고 있는 것은 편안한 자세를 취하고 있는 상태이고 깊게 꼬고 있는 것은 거절을 뜻합니다. 또 꼬고 있는 다리를 양손으로 끌어안는 것은 강한 거절을 의미합니다. 조심스럽게 다리를 꼬고 있는 사람은 마음속에 뭔가 불안감을 안고 있는 사람이며 당당하게 꼬고 있는 사람은 자신감을 갖고 있는 사람입니다.

　앞에 언급한 남녀는 어떤 관계일까요. 이 두 사람은 매우 친밀한 관계라고 추측됩니다. 서로를 향해 다리를 꼬고 있는 것은 제3자가 끼어드는 것을 거부한다는 표현입니다.

■다리를 꼬는 자세로 알아보는 심리

　다리를 꼬는 수많은 자세 속에는 어떤 심리가 내포되어 있을까요. 몇 가지 예를 들어보겠습니다.

　· 왼쪽 다리를 위로 올려 다리를 꼰다
　다소 내성적인 성격으로 어떠한 경우에도 자신이 먼저 적극적으로 나서지는 않습니다. 대화를 할 때에도 상대의 페이스에 맞춰 나가며 자신을 이끌어주는 사람에게 호의를 나타냅니다.

· 오른쪽 다리를 올려 꼰다

적극적이고 개방적인 성격으로 자기 본위적인 경향이 강한 사람입니다. 그리고 이러한 자세는 성적인 의미를 내포하는 경우도 있는데, 이런 부류의 사람은 다른 사람을 능숙하게 유혹하는 재주를 가지고 있습니다.

· 발목을 교차시키고 않는다

연애를 할 때도 정신적인 결합을 추구하는 다소 유치한 면이 있는 낭만주의자입니다.

· 자주 다리를 바꿔 꼰다

빨리 대화를 끝내고 싶거나 머리 속이 온통 다른 생각들로 채워져 있는 사람입니다. 불안하거나 쓸쓸할 때 이런 동작을 취하는 경우가 많으며, 강한 욕구 불만이 있음을 나타내기도 합니다. 젊은 사람의 경우 성적인 욕구 불만이 있을 때 이런 자세를 취하기도 합니다.

· 무릎을 모으고 좌우 어느 한쪽으로 기울인다

여성에게서 흔히 볼 수 있는 자세입니다. 자신만만하고 자존심이 강하며 '외모가 뛰어나다' 혹은 '센스가 있다'는 칭찬을 해주면 그것만으로도 상대에게 호의를 나타내는, 이른바 아부에 넘어가기 쉬운 타입입니다.

· 한쪽 다리는 구부리고 다른 한쪽은 곧게 뻗고 있다

거절의 표시입니다. 남성이 다리를 모으고 앉아 있는 것 역시 거절을 의미합니다.

· 발끝을 툭툭 차기 시작한다

초조하거나 어떠한 것에 거부감을 가질 때 나타나는 행동입니다. 미국의 심리학자 로버트 소머(Robert Sommer)의 실험에 의하면 상대가 필요 이상으로 자신의 마음을 알고자 할 때 그것을 거부하는 제1단계 반응이 무의식적으로 발끝을 툭툭 차는 동작이라고 합니다. 만약 당신이 누군가와 이야기를 나누고 있을 때 상대가 발끝으로 바닥을 차기 시작하면 빨리 화제를 바꾸는 게 좋을 것입니다.

왜냐하면 초조함의 표현이자 '이제 좀 그만 해'라는 뜻이기 때문입니다.

· **간혹 다리를 떤다**

불안하고 초조할 때, 그리고 거절하고 싶을 때 나타나는 현상입니다. 다리를 떠는 것은 심리적으로 불안하고 초조할 때 나타나는 동작으로, 정신 의학적으로도 설명이 가능한 부분입니다.

몸의 일부에 작은 자극이 되풀이되면 중추 신경을 통해 뇌신경에 전달되어 정신적 긴장감이 완화되는 효과를 얻을 수 있습니다. 즉, 극도의 긴장에서 벗어나기 위해 몸을 움직여 에너지를 분산시키고 있는 것입니다.

· **다리를 벌리고 앉는다**

다리를 살짝 벌리고 앉는 것은 상대를 받아들이고자 하는 자세입니다. 그러나 다리를 크게 벌린 채 앞으로 뻗고 있는 것은 상대의 이야기에 흥미가 없다는 증거입니다. 대화 중이 아닐 때 이런 자세를 자주 취하는 사람은 지배하고자 하는 욕구과 소유하고자 하는 욕구가 강한 타입으로 분류되기도 합니다.

· **다리를 가지런하게 모으고 앉는다**

여성의 경우에는 얌전한 인상을 주기 위한 자세이고 남성의 경우에는 '거절한다'는 뜻을 나타내는 동작입니다.

· **무릎을 모으고 앉는다**

당신을 귀찮게 여기고 있다는 의미입니다.

- **무릎의 방향**

나란히 앉아 있을 때 무릎과 발끝이 당신을 향해 있다면 호감을 갖고 있다는 뜻입니다. 반대인 경우라면 무관심, 또는 적의를 품고 있다고 해석하면 됩니다.

■초조할수록 다리의 움직임이 활발해진다?!

참고로 발 밑 부분도 주목해 보도록 합시다.

일반적으로 다리를 떠는 사람이 많은데 왜 하필이면 다른 부분이 아닌 다리일까요.

다리, 특히 발 밑 부분는 눈에 띄지 않는 부분이며, 우울할 때는 얼굴과 손의 움직임이 감소하고 다리의 움직임이 증가하기 때문입니다. 이와는 반대로 화가 났을 때나 공격적인 심정일 때는 얼굴과 손의 움직임이 증가하고 다리의 움직임이 감소한다는 것이 연구를 통해서도 밝혀졌습니다.

앉아서 다리를 덜덜 떨거나 발끝으로 바닥을 차고 있는 사람은 다가오는 사람에게 '나는 당신이 다가오면 짜증이 난다'는 신호를 보내고 있는 것입니다.

이런 동작은 기다리다 지쳤다는 초조한 마음을 나타내기도 합니다. 역 앞이나 거리에서 한쪽 발끝으로 바닥을 툭툭 차고 있거나 한쪽 다리를 덜덜 떨고 있는 사람은 기다리는 사람이 약속 시간이 되어도 오지 않아서 초조해하고 있는 것입니다.

이번에는 여성의 발 밑 부분에 주목해 볼까요.

· 하이힐을 신었다 벗었다 하고 있는 여성은?

무의식적으로 성적인 욕구를 표현하고 있는 것입니다.

· 다리를 꼬고 앉아서 하이힐을 흔들고 있는 여성은?

무의식적으로 남성을 유혹하고 있는 것입니다.

· 구두 밑창의 앞부분이 닳아 있는 여성은?

공격적인 성격의 소유자입니다.

· 발목을 교차하며 앉아 있는 여성은?

완전한 거부가 아닌 부드러운 거부를 뜻합니다. 무릎을 가지런히 모은 채 발목을 교차하고 앉아 있는 여성은 상대에게 딱딱하다는 인상을 주는데, 이런 동작은 방어 심리를 나타내는 것입니다.

눈의 움직임을 통해 살아보는
상대의 심리

누군가의 소개로 두 남녀를 만나게 되었습니다.

대화를 나누는 동안 여성은 눈을 크게 뜨고 당신을 보고 있습니다. 그리고 남성은 눈을 계속 깜빡거리고 있습니다.

자, 이 두 남녀는 당신을 어떻게 생각하고 있을까요.

■ 눈은 무의식의 창

'눈은 마음의 창', '눈은 마음의 거울' 이라는 말이 있듯 눈의 움직임을 통해서도 상대의 심리를 꿰뚫어 볼 수 있습니다.

미국의 심리학자 에드워드 · H · 헤스(Edward · H · Hess)는 독서에 열중하고 있는 사람이나 뭔가에 관심을 지니고 있는 사람은 눈동자가 커진다는 사실을 깨닫고 다음과 같은 재미있는 실험을 했습니다.

실험에 사용한 사진은 다음 다섯 장입니다.

① 갓난아이의 사진　　② 갓난아이와 어머니의 사진

③ 남성의 누드 사진　　　④ 여성의 누드 사진
⑤ 풍경 사진

　헤스는 이 다섯 장의 사진을 남녀로 구성된 실험 참가자들에게 한 장씩 보여주고 그 모습을 촬영하여 실험 참가자들의 동공 크기를 조사했습니다.

　동공은 빛의 밝기에 따라 크기가 달라집니다. 밝은 곳에서는 동공이 축소되고 어두운 곳에서는 확대됩니다. 헤스는 그와 마찬가지로 빛의 양뿐만 아니라 흥미의 정도에 따라서도 동공의 크기가 달라지는 것은 아닐까 하고 생각했던 것입니다.

　촬영 결과, 남녀 모두 이성의 누드 사진을 보여줬을 때 동공이 평소보다 20%나 확대되어 있었습니다.

　또 '갓난아이의 사진' 과 '갓난아이와 어머니의 사진' 을 보여줬을 때는 여성 전원과 자녀를 둔 남성의 동공이 크게 확대되었으며, '풍경 사진' 을 보여줬을 때는 남녀 모두 그다지 반응을 보이지 않았고 특히 여성의 동공은 축소되는 경향을 보였다고 합니다.

　눈과 눈동자에 관련된 표현은 매우 많습니다. '눈을 크게 뜬다' 는 말은 놀라서 눈을 크게 뜬다는 의미이며, '눈을 빛내다' 라는 말은 기쁠 때 눈동자가 빛나는 것처럼 보이는 것을 뜻합니다.

　그렇다면 누드 사진을 보여줬을 때 동공이 확대되는 것은 놀라움이나 기쁨 때문일까요.

　아무리 무관심한 척해도 동공의 확대와 축소를 주관하고 있는

것은 자율 신경이기 때문에 위장할 수가 없습니다. 인간의 마음
은 이런 부분에도 무의식적으로 드러나 있는 것입니다.

■인간은 표정을 위장한다

인간의 대표적인 감정으로는 ①기쁨 ②슬픔(고통) ③분노, 두
려움(놀라움) ④혐오가 있습니다. 그럼 다음의 A~D에는 각각 어
떤 감정이 나타나 있을까요?

A. 눈을 크게 뜨고 있다
B. 눈을 일부 또는 완전히 감고 있다
C. 눈을 평소보다 약간 가늘게 뜨고 있으며 안구가 움직이고
있다
D. 아래 눈꺼풀이 올라가고 눈꼬리에 주름이 잡혀 있다

미국의 심리학자 안스턴 · G · 바이어(Arnston · G · Beyer)는
몇 사람에게 분노, 공포, 유혹, 무관심, 행복, 슬픔이라는 여섯 가
지 감정을 표정으로 표현하게 한 후, 이것을 비디오테이프에 담
아 많은 사람들에게 보여준 다음 이 표정들이 어떤 감정을 나타
내는 것인지 맞춰보게 하는 실험을 했습니다.

실험 결과는 그리 신통치 않았습니다. 여섯 종류의 표정 중 실
연자가 표현하고자 한 감정을 판별할 수 있었던 것은 평균 두 종

류에 불과했던 것입니다.

실연자가 '분노'를 표현하려고 했음에도 불구하고 사람들에게는 그것이 '슬픔'을 표현하는 것으로만 보였기 때문입니다.

이 실험 결과를 통해 우리가 알 수 있었던 것은, 인간에게는 타인이 자신의 마음을 눈치 채지 못하도록 표정을 위장하는 경향이 있다는 사실입니다.

인간의 속마음을 읽어내기 위해서는 관찰력을 키우는 것이 중요합니다.

앞에서 말한 문제의 정답은 A는 ③, B는 ②, C는 ④, D는 ①입니다.

■눈썹의 움직임으로 속마음을 읽는다

눈의 움직임에 이어 눈썹의 움직임에 대해서도 간단히 짚고 넘어가도록 하겠습니다.

당신은 지금 다음 두 사람을 설득하는 중입니다. 한 사람은 눈썹을 찡그리고 있고 다른 한 사람은 눈썹을 빠르게 상하로 움직이고 있습니다.

자, 이 두 사람의 눈썹에 어떤 감정이 담겨 있는지 알아보도록 할까요.

눈썹을 찡그리는 것은 난처하거나 불쾌할 때, 또는 상대의 의견에 찬성할 수 없을 때 나타나는 행동이며 눈썹을 상하로 움직이는 것은 친근감과 동의의 표현입니다.

그 밖에도 눈썹을 치켜 올리는 것은 놀라움과 공포를, 미간을 찡그리는 것은 분노를 나타내고, 눈썹을 살짝 찡그리며 치켜 올리는 것은 뭔가를 물어보고 싶을 때의 표정입니다.

그림의 남녀를 살펴보도록 합시다. 여성이 눈을 크게 뜨고 당신을 물끄러미 바라보고 있는 것은 당신에게 흥미를 갖고 있기 때문입니다.

그럼 남성은 어떨까요. 대부분의 사람들은 항상 무의식적으로 눈을 깜빡거리고 있습니다. 그러나 처음 만난 당신 앞에서 도가 지나치다 싶을 만큼 쉴 새 없이 눈을 깜빡거리는 것은 성격이 소심하거나 당신이 두려워서 똑바로 쳐다볼 수 없기 때문입니다.

표정으로 알아보는 상대의 심리
(얼굴은 웃고 마음은 울고)

미국의 심리학자이자 표정 연구가인 에크만(Ekman)은 일본과 미국의 대학생 각 25명에게 스트레스를 주는 영화와 그렇지 않은 영화를 보여주고 표정을 비교해 보았습니다.

그 결과, 혼자 볼 때는 미국과 일본의 학생이 같은 표정을 지었으나 다른 사람과 함께 볼 때는 미국인이 혼자 볼 때와 똑같은 표정을 지은 반면 일본인은 불쾌감을 억제하거나 과장되게 웃었다고 합니다. 이 실험 결과가 의미하는 것은 무엇일까요.

■얼굴 표정은 감정을 말해 준다

이 실험 결과를 통해, 일본인은 자기도 모르는 사이에 분위기나 상대에 맞춰 표정을 조절하는 습관이 몸에 배어 있다는 사실을 알 수 있습니다.

우리는 보통 언어를 통해 타인과 의사 소통을 합니다. 그러나 언어가 언제나 진실을 말하는 것은 아닙니다.

우리는 안색, 동작, 분위기 등 언어 이외의 정보를 통해 상대가 실은 무엇을 어떻게 생각하며 느끼고 있는지 알아내려고 합니다.

그중에서도 '표정'은 상대의 감정을 알아내는 데 가장 중요한 단서가 되기도 합니다.

우리는 진심을 숨기거나 싫어하는 사람에게도 호의와 존경을 갖고 있는 것처럼 행동하곤 합니다.

하지만 아무리 숨기려 해도 진심은 어딘가에 나타나게 되어 있습니다. 아무리 연기를 잘하는 사람이라도 거짓으로 눈물을 흘릴 수는 있어도 잠재의식까지 통제할 수는 없기 때문입니다.

이제부터 표정을 통해 상대의 감정을 분석하는 방법을 알아보도록 하겠습니다.

■표정의 변화로 상대의 심리를 파악한다

눈을 빛내고 있는 사람을 보면 기쁨이나 기대로 가슴이 부풀어 있다고 생각하게 됩니다. 눈썹을 찡그리고 있으면 기분이 나쁘거나 화가 난 것처럼 보이고, 입을 꾹 다물고 있으면 고민이 있거나 난처해하고 있다고 추측하게 됩니다.

이처럼 표정의 변화를 통해 상대의 마음을 추측하는 것을 '표정 판단'이라고 합니다.

에크만의 주장에 따르면 인간의 얼굴에 나타나는 '기본적인 정서'는 다음 일곱 종류라고 합니다.

행복, 혐오, 놀라움, 슬픔, 분노, 공포, 관심.

그 밖에도 많은 심리학자들이 각각 문화가 다른 나라의 사람들에게 사진이나 비디오로 촬영한 인간의 다양한 표정들을 보여주고 각 표정이 어떤 감정을 표현하고 있는지 알아맞히게 하는 실험을 했는데, 그 결과 이런 기본적인 표정 판단은 정답 확률이 매우 높았다고 합니다. 단, 실험에 사용한 사진은 인위적인 표정이었기 때문에 감정을 판단하기 쉬웠던 것일 뿐, 타인의 미묘한 표정에서 심리를 읽어내기 위해서는 먼저 그 표정이 자연스러운 것인지 그렇지 않은 것인지 구분할 수 있어야 합니다.

인간의 표정은 '동물적인 표정'과 '사회적인 표정' 두 종류로 나누어집니다.

'동물적인 표정'은 진화의 과정에서 형성된 선천적인 것이며, '사회적인 표정'은 상대의 기분을 맞춰주거나 감정을 억제하는 등의 이른바 '표면적인 얼굴'을 가리키는 것입니다.

■상대의 얼굴을 관찰할 때는 좌우의 밸런스를 살펴보라

표정을 관찰할 때는 먼저 좌우의 밸런스를 살펴보는 것이 중요합니다.

자연스러운 감정이 나타나 있을 때의 얼굴, 즉 '동물적인 표정'을 떠올려 보세요.

크게 웃고 있을 때, 화를 내고 있을 때, 진지할 때, 공포에 떨고 있을 때 등 자연스러운 감정이 나타나 있을 때의 얼굴은 좌우 대칭을 이루고 있을 것입니다.

그럼 이번에는 타인을 의식한 '사회적인 표정'을 떠올려 보세요.

쓴웃음을 짓고 있을 때, 겸연쩍을 때, 뭔가 속셈이 있는 미소를 짓고 있을 때, 상대를 의심하거나 모순을 느끼고 있을 때의 얼굴은 대부분 좌우 비대칭을 이루고 있을 것입니다.

많은 연구자들은 긍정적인 감정은 얼굴의 오른쪽이나 좌우 대칭으로 나타나며 부정적인 감정은 왼쪽에 나타난다고 주장하고 있습니다(왼손잡이는 그 반대). 그 이유는 우뇌가 감정을 주관하기 때문이라는 설도 있는데, 어찌 됐든 의식적으로 감정을 조절할 때 얼굴이 비대칭을 이루는 것만은 틀림없는 사실입니다.

'사회적인 표정'이 비대칭을 이루는 것은 전진 운동에서 유래한다고 합니다. 대부분의 동물은 좌우 대칭의 형태를 지니고 있습니다. 전진을 할 때는 좌우의 운동량이 같아야 하기 때문입니다.

인간도 이와 마찬가지로 걷거나 뛸 때는 다리를 번갈아 내밀며 직선형으로 전진하지만, 커브를 돌 때는 몸을 돌리는 방향에 체중이 실려서 비대칭을 이루게 됩니다. 커브를 도는 행위는 무의식적인 행동이 아닌 의식적이고 의도적인 행동이기 때문입니다.

이와 마찬가지로 표정도 의식적으로 감정을 조절하고 있을 때는 좌우 비대칭을 이루는 경우가 많습니다.

　상대가 거짓말을 하고 있는지 아닌지 알고 싶을 때에는 동작이나 시선뿐 아니라 표정을 살펴보는 것도 좋은 방법일 것입니다.

　상대의 진의를 알고 싶으면 먼저 얼굴을 자세히 살펴보라. 표정에는 마음이 반영되어 있기 때문이다.

　　　　　　　　─영국의 문인이자 정치가 체스터필드(Chesterfield)

사소한 동작에 나타나는 상대의 속마음

대화를 나누는 도중 상대가 말을 꺼내려다 말고 다음과 같은 동작을 취했습니다.

A. '아차' 하는 표정을 지으며 손으로 입을 막는다
B. 눈치 챘나 하는 표정으로 당신의 안색을 살핀다
C. 시선을 피하며 다른 얘기를 꺼낸다

■말은 속일 수 있어도 동작은 속일 수 없다

대화를 나눌 때는 언어 이외에 다른 어떠한 표현에 의해 심리적인 상호 작용이 이루어지고 있습니다.

언어는 타인과 의사 소통할 때는 반드시 필요한 요소입니다. 그러나 언어가 반드시 진실을 이야기하는 것은 아닙니다. 특히, 본심을 숨기는 것이 생활화되어 있는 사회에서는 겉으로만 맞장구를 치거나 하고 싶은 말을 빙 돌려서 표현하는 경우가 많습니다.

하지만 아무리 거짓말을 잘하는 사람이라도 어딘가에 반드시 허점이 드러나게 마련입니다.

민감한 사람은 그것을 재빨리 감지하고 언어 이외의 요소(상대의 안색이나 동작, 몸에서 발산되는 분위기)를 통해 상대의 생각과 본심을 읽어내려고 합니다.

예를 들면 시선을 피하거나 눈동자가 불안하게 움직이거나 어색하게 미소를 짓거나 이마가 땀에 젖어 있거나 쉴 새 없이 몸을 움직이는 동작을 취한다는 것입니다.

아무리 태연한 척해도 심장이나 호흡 등 체내에서 일어나는 변화까지 의식적으로 조절할 수는 없습니다. 그 때문에 사소한 동작이나 태도에 본심이 드러나게 되는 것입니다.

앞에 언급한 A~C는 비교적 알기 쉬운 예인데, 해서는 안 될 말을 실수로 했을 때 나타나는 동작입니다.

■타인의 마음을 읽는 *7가지 신호*

비언어 의사 소통 중에서 인간의 감정이 가장 솔직하게 드러나는 것은 어떤 것일까요.

영국의 동물 행동학자 데스몬드 모리스(Desmond Morris)의 말에 의하면 다음 7가지 신호를 통해 동작과 몸짓을 해석할 수 있다고 합니다.

① 자율 신경 신호 : 자율 신경에 의해 발생하는 신체의 변화를 가리킵니다. 긴장하면 몸이 굳어지거나 흥분하면 땀을 흘리는 등, 생리적인 변화는 본인도 조절할 수 없습니다.

② 하반신 신호 : 주로 다리의 움직임을 가리킵니다. 다리는 다른 사람의 눈에 잘 띄지 않는 부위인 만큼 무의식적으로 감정을 드러내기 쉽기 때문입니다.

③ 체간 신호 : 동체의 움직임과 자세를 가리킵니다. 솔깃한 이야기를 들을 때 몸을 앞으로 내미는 동작 등이 이에 해당됩니다.

④ 손의 미묘한 움직임.

⑤ 제스처 : 무의식적인 움직임에는 심리 상태가 나타나 있습니다.

⑥ 표정 : 표정은 '자연스러운 표정' 과 '의식적인 표정' 으로 나눠집니다.

⑦ 언어 : 거짓말을 할 때는 말투나 목소리 톤이 변하는 경우가 있습니다.

■사소한 동작으로 타인의 마음을 해석한다

이처럼 비언어 의사 소통은 인간의 다양한 감정과 심리 상태를 말해 줍니다. 동작과 몸짓의 종류는 무수히 많은데, 손의 움직임과 다리를 꼬는 동작에 숨겨진 심리와 성격에 대해서는 15페이지와 21페이지를 참고해 주시기 바랍니다.

그럼 그 밖에 대표적인 예를 몇 가지 들어보도록 할까요.

　·**몸을 앞으로 내민다**
솔깃한 이야기를 들을 때 흔히 취하는 자세입니다.
　·**한쪽 어깨를 올리고 상체를 비스듬하게 기울인다. 상체를 뒤로
젖힌다**
상대를 거부하고 있는 자세입니다.
　·**손가락으로 테이블을 가볍게 두드린다**
짜증과 긴장 또는 거부를 나타내는 적신호입니다. 발끝으로
바닥을 차는 것도 같은 의미입니다.
　·**주머니에 손을 넣는다**
기본적으로 손을 감추는 것은 본심을 들키고 싶지 않다는 경
계심에서 비롯된 동작입니다. 상대를 믿지 않거나 뭔가를 숨기
고 있을 때 흔히 볼 수 있는 자세입니다.

잠재의식이 보내는 신호는 무수히 많은데, 이런 신호들을 주
의 깊게 관찰하면 상대의 속마음을 읽을 수 있을 것입니다. 상대
가 '무슨 이야기를 했는지' 가 아닌 '어떤 상태, 어떤 동작으로
이야기를 했는지' 에 주목하는 것이 포인트입니다.

자세에 나타나는 마음의 움직임

어느 호텔 로비에서 이야기를 나누는 사람들을 관찰해 봤습니다.

A. 사무원으로 보이는 두 여성이 창가 테이블에 마주 앉아서 이야기를 나누고 있습니다. 한 사람이 커피를 마시면 다른 한 사람도 커피를 마시고 한 사람이 다리를 꼬면 다른 한 사람도 다리를 꼬는 등 계속해서 똑같은 동작을 취하고 있습니다.

B. 젊은 남녀가 마주 앉아서 이야기를 나누고 있습니다. 두 사람 다 몸을 앞으로 내밀고 다리를 맞대고 있습니다.

C. 사업가로 보이는 두 남성이 마주 앉아 있습니다. 한 사람은 팔과 몸을 흔들며 이야기를 하고 있고, 다른 한 사람은 팔짱을 끼고 의자에 등을 기댄 채 거의 움직이지 않고 있습니다.

D. 나이가 지긋한 두 남성이 이야기를 나누고 있습니다. B와는 반대로 두 사람 모두 의자에 상체를 기대고 다리도 멀리 떨어져 있습니다.

자, 당신은 이 네 쌍의 사람들이 어떤 관계라고 생각하십니까?

■친한 사람끼리는 자세와 동작이 일치하는 경우가 많다

친한 사람이나 마음이 맞는 사람과 이야기를 나누다 보면 무의식적으로 같은 포즈를 취하게 되는 경우가 있습니다.

그 이유는 서로의 동작에 영향을 받아 '나도 너와 똑같다' 는 무언의 메시지를 무의식적으로 내보이기 때문입니다.

이처럼 친구나 연인 등 친한 사람끼리 동작이 일치하는 것을 영국의 동물 행동학자이자 '맨 워칭(Man Watching)' 의 저자 데스몬드 모리스는 '자세 반향' 이라고 부르고 있습니다.

‘자세 반향’은 어머니와 아이의 관계에서도 볼 수 있습니다. 어머니가 미소를 지으면 아이도 웃는 것이 ‘자세 반향’의 좋은 예입니다.

앞서 예를 든 A의 두 여성은 친구 사이이며 즐겁게 이야기를 나누는 중이라고 추측됩니다.

B의 젊은 남녀는 연인이거나 매우 사이가 좋은 친구입니다. 서로가 상체를 앞으로 내밀고 다리를 맞대고 있는 것은 가장 친밀한 형태의 자세라고 합니다.

C의 두 남성은 어떤 관계일까요. 한 사람이 열심히 이야기를 하고 있음에도 불구하고 다른 한 사람은 팔짱을 낀 채 거의 움직이지 않고 있습니다. 이야기가 지루하거나 그리 탐탁지 않은 사람과 함께 있을 때에는 자세 반향이 일어나지 않습니다.

그뿐만 아니라 팔짱을 끼고 있는 사람은 ‘더 이상 듣고 싶지 않아. 그만 해!’라고 온몸으로 표현하고 있습니다. 팔짱을 끼는 것은 전면에 방어벽을 만들어서 타인이 자신의 영역에 침입하는 것을 거부하는, 이른바 자신을 방어하는 자세라고 할 수 있습니다.

D의 나이가 지긋한 두 남성은 별로 친하지 않은 관계이며 서로가 서로를 경계하고 있습니다.

이처럼 대화를 나눌 때의 자세와 동작만으로도 두 사람의 관계를 파악할 수 있습니다.

■비슷한 동작은 공감을 부른다 : 상호 동조 행동

'상호 동조 행동' 도 '자세 반향' 과 비슷한 현상입니다.

'상호 동조 행동' 이란 처음 만난 사이임에도 불구하고 한쪽이 다른 한쪽의 몸짓과 동작에 영향을 받아 무심코 계속 같은 행동을 취하게 되는 것을 뜻합니다. 실험에 의하면 경우에 따라서는 오랜 시간 이야기를 나눌수록 두 사람의 이야기 속도나 음성의 높이, 강약까지도 비슷해진다고 합니다.

어째서 이런 현상이 나타나는 것일까요. 그 이유는 두 사람 사이에 무의식적으로 공감대가 형성되었기 때문입니다.

'헤비 스모커와 함께 있으면 나까지 담배를 많이 피우게 된다' 는 사람이 많은데, 이런 상대를 무심코 따라 하는 행동도 '상호 동조 행동' 의 일종입니다. 즉, 무심코 상대와 똑같은 행동을 취하는 것은 무의식적으로 공감대가 형성되었기 때문입니다.

처음 만나는 사이인 X와 Y 두 사람에게 잠시 이야기를 나누게 한 후 각각 상대에게 어떤 인상을 받았는지 묻는 실험을 해보았습니다. X에게는 Y의 이야기를 들으며 그의 동작을 흉내 내라고 지시했는데, 실험 결과 Y는 X에게 대부분 호감을 느꼈다고 합니다. 또 Y는 자신이 X에게 호감을 느낀 것 이상으로 X도 자신에게 호감을 갖고 있다고 해석했다는 것입니다.

'상호 동조 행동' 은 대인 관계의 친화성을 반영하는 중요한 요소입니다. 미국의 에드워드 홀(Edward Hall)은 이것을 '대인적

리듬' 이라 하여 대인 관계를 원활하게 만들기 위한 인간 특유의 습성이라고 주장했습니다.

따라서 대화가 잘 풀리지 않거나 불편한 사람과 이야기를 나눌 때는 상대의 말을 되풀이해 보거나 같은 동작을 취해보는 것이 어떨까요. 두 사람 사이에 어떤 일체감이 형성되어 대화도 부드럽게 진행될 것입니다.

시선의 방향으로 상대의 마음을 읽는다

A~F는 처음 만나는 사람과 이야기를 나누고 있는 중입니다.
이 여섯 사람의 시선은 각각 다음과 같이 움직이고 있습니다.

A. 상대를 올려다보고 있다

B. 시선을 약간 아래로 향하고 있으며 눈이 마주치면 피한다

C. 시선을 마주치려 하지 않고 오른쪽이나 왼쪽으로 피한다

D. 시선이 종종 마주친다

E. 상대를 곁눈질로 보고 있다

F. 이야기를 나누는 내내 주위를 두리번거린다

이들 중 상대에게 호감을 갖고 있는 사람은 누구이며 거부감
을 갖고 있는 사람은 누구일까요.

■원활한 대화의 열쇠는 시선이 쥐고 있다

바디 랭귀지에서 시선이 맡고 있는 역할은 매우 중요합니다. 대화를 나눌 때에는 표정이나 동작 등 언어 이외의 요소에 의한 심리적인 상호 작용이 이뤄지는데, 그중에서도 시선은 특히 중요한 역할을 차지하고 있습니다.

영국의 사회 심리학자 마이클 아가일(Michael Argyle)은 타인과 대화를 나눌 때에는 다음과 같은 '암묵의 룰'을 지켜야 한다고 지적했습니다.

우선 대화를 시작할 때에는 서로 시선을 맞춰야 합니다. 그리고 한 사람이 이야기를 시작하려고 하면 다른 한 사람은 그것을 재촉하듯 시선을 피해야 합니다. 어느 한쪽이 시선을 피하지 않으면 타이밍이 어긋나서 대화가 제대로 진행될 수 없기 때문입니다.

이야기를 하는 사람은 간혹 고개를 들고 듣는 사람의 얼굴에 시선을 집중할 것입니다. 그 부분이 바로 이야기하는 사람이 강조하고 싶거나 이해해 주기 바라는 곳이므로 듣는 사람은 시선을 맞추며 고개를 끄덕이거나 맞장구를 치는 것이 좋습니다.

이렇게 시선을 맞춰서 자신의 의사를 전달하고 상대의 반응을 요구하는 행동을 '아이 컨텍트(Eye Contact)'라고 합니다.

이야기가 끝날 무렵 이야기를 하는 쪽은 시선을 들어 상대방을 오랫동안 바라보다가 시선이 마주치면 상대에게 대화의 주도권을 넘겨주고 이번에는 듣는 쪽으로 교대하게 됩니다. 이런 신호가 잘 이뤄져야만 대화도 부드럽게 진행될 수 있습니다.

그러나 이야기가 너무 길어지거나 상대에게 관심이 없는 이야기만 계속하면 듣는 쪽은 지루해져서 담배를 피우거나 창밖을 바라보는 등 안절부절못하게 됩니다. 상대가 이런 신호를 보내면 곧 대화의 주도권을 양보하는 것이 좋습니다.

■아이 컨텍트는 시선을 읽는 중요한 포인트이다

간혹 다정한 연인들이 서로를 물끄러미 마주 보고 있는 광경을 보게 되곤 합니다. 아이 컨텍트는 친밀함을 전하는 역할뿐만 아니라 상대와 접촉하기를 원한다는 의사의 표시이기도 하기 때문입니다.

애정도가 높은 커플이 애정도가 낮은 커플에 비해 시선을 마주치는 횟수가 많다는 것은 실험을 통해서도 증명된 사실입니다.

또 아이 컨텍트의 횟수가 많아지면 서로에 대한 친밀감과 호의도 높아진다고 합니다. 따라서 호의를 갖고 있는 사람과 이야기할 때에는 될 수 있는 대로 시선을 자주 마주치는 것이 좋습니다.

아이 컨텍트 다음으로 중요한 것은 시선의 위치 또는 방향인데, 시선의 위치는 크게 다음 세 종류로 나누어집니다.

① 내려다보는 시선
② 수평 시선
③ 올려다보는 시선

여기서 말하는 시선의 위치란 키나 눈 높이가 아닌, 어디까지나 시선에 나타나 있는 특징을 가리키는 것입니다. 각 시선에 나타나 있는 심리는 다음과 같습니다.

① 내려다보는 시선

상대보다 우위에 서려는 심리를 나타내는 시선입니다. 부모와 아이, 교사와 학생 등 이 경우 두 사람은 상하 관계일 때가 많습니다. 예를 들어 상사와 부하 직원이 이야기를 나누고 있을 때 상대를 내려다보고 있는 것은 과연 어느 쪽일까요. 틀림없이 상사일 것입니다.

상사는 부하 직원에게 위엄을 보이고 싶어하며 상대를 리드하고자 하는 지배욕을 갖고 있기 때문입니다. 상대를 내려다보는 것은 자신이 우위에 서서 상대를 지배하고 싶다는 심리의 표현

입니다.

② 수평 시선

친구나 동료 등 자신과 대등한 관계라고 생각하는 상대를 바라볼 때의 시선입니다. 대등한 교제를 하고 있는 연인이나 부부 관계에서도 흔히 볼 수 있습니다.

③ 올려다보는 시선

수동적인 심리를 나타내는 시선으로 아이와 부모 또는 부하 직원과 상사의 관계에서 흔히 볼 수 있습니다. 상대가 종종 당신에게 이런 시선을 보낸다면 당신의 리드를 원하고 있다고 생각해도 좋을 것입니다.

여성이 연인이나 호의를 갖고 있는 남성을 일부러 올려다보는 경우가 있는데, 이런 행동은 상대에게 의지하거나 어리광을 피우고 싶다는 마음의 표현입니다. 남성의 경우도 마찬가지로 여성이 연상이거나 어머니 같은 존재일 때, 혹은 어리광을 피우고 싶을 때 종종 상대를 올려다보곤 합니다.

앞에 언급한 사람들의 심리는 각각 다음과 같습니다.

A. 상대를 존경하거나 어리광을 피우고 싶어하는 것입니다

B. 긴장하고 있는 상태입니다

C. 상대를 거부하고 있는 것입니다

D. 상대에게 호의를 갖고 있는 것입니다

E. 상대의 이야기를 의심하거나 의문을 느끼고 있는 상태입니다

F. 정신적으로 불안한 상태입니다

　이처럼 시선의 위치를 파악하면 상대와의 관계나 상대가 자신을 어떻게 생각하는지 알 수 있게 됩니다. 누군가를 처음 만났을 때 이런 심리를 이용해서 대응하면 상대와의 관계도 더욱 원만해질 것입니다.

　홀낏 쳐다본 후 눈을 내리까는 것은 '당신을 믿고 있다', '당신을 무서워하지 않는다'라는 의미의 바디 랭귀지이다.

—미국의 행동과학자 어빈 거프만(Erving Goffman)

눈으로 알 수 있는 상대의 거짓말

‘혹시 남편이 바람을 피우고 있는 것은 아닐까?’

평소 남편을 의심하고 있던 A 씨는 어느 날 밤 집으로 돌아온 남편에게 바람을 피우는 건 아니냐고 추궁했습니다. 남편의 대답은 ‘바보 같은 소리 하지 마’ 라는 한마디뿐이었지만 A 씨는 남편의 눈을 보고 그것이 거짓말임을 알았다고 합니다.

이때 남편의 눈은 다음 중 어떻게 움직였을까요.

A. 눈도 깜빡거리지 않고 노려본다

B. 눈가를 만지거나 비빈다

C. 물끄러미 응시한다

■좋아하는 것과 좋아하는 사람은 오랫동안 보고 싶다

눈은 그 사람의 감정이나 성격, 건강 상태 등이 가장 잘 나타나는 부분입니다. 또한 아이 컨텍트는 자신에 대한 상대의 흥미와 친근감, 관심도 등을 알 수 있는 중요한 요소이기도 합니다.

인간이 1대 1로 대화를 나눌 때 상대를 바라보는 시간은 대화를 나누는 시간의 약 30~60%라고 합니다. 그중에서 서로의 시선이 마주치는 것은 그 3분의 1로, 상대를 보고 있는 시간이 약 3초일 경우 시선이 마주치는 시간은 약 1초라는 것입니다. 그 이상일 경우에는 대화의 내용에 흥미가 있다기보다는 상대에게 호의를 갖고 있다고 해석하는 게 좋을 것입니다.

인간에게는 관심이 있는 것을 보다 오랫동안 보려고 하는 습성이 있습니다. 호의를 갖고 있는 상대를 바라보는 시간이 그렇지 않은 상대를 바라보는 시간보다 길다는 것은 심리학적으로도 증명된 사실입니다. 연인들이 종종 어깨를 기댄 채 서로를 물끄러미 마주 보는 것이 그 좋은 예일 것입니다.

인간은 친한 사이일수록 자주 시선을 마주치게 됩니다. 거꾸로 호감이 가지 않는 상대나 거북한 상대와는 될 수 있는 대로 시선을 마주치지 않으려고 합니다. 다시 말해 상대가 자신을 얼마나 오랫동안 바라보는지 관찰하면 그 사람이 자신을 어떻게 생각하고 있는지 알 수 있는 것입니다.

단, 여성은 남성에 비해 상대와 더 자주 시선을 마주친다고 합니다. 만약 당신이 남성이라면 '그녀는 이야기를 할 때마다 늘 나를 바라보고 있다. 혹시 내게 마음이 있는 것은 아닐까' 라고 생각하는 것은 지나치게 성급한 판단일지도 모릅니다.

■감쪽같이 속였다고 생각했지만……

상대와 친해지고 싶어하는 욕구를 '친화 욕구' 라고 합니다. 여성이 남성보다 상대의 얼굴을 자주 바라보는 것은 이런 욕구가 보다 강하기 때문이라고 합니다. 또 의존심이 강하거나 주위 사람의 행동에 영향을 받기 쉬운 사람도 그렇지 않은 사람보다 상대의 얼굴을 바라보는 횟수가 잦다고 합니다.

일반적으로, 상대의 얼굴을 물끄러미 바라보는 것은 실례라고 생각하는 사람들은 대화 도중 시선을 피하고 있을 때가 많은데, 눈을 내리깔고 작은 목소리로 말하면 자신감이 없어 보이기 십상입니다. 대화를 나눌 때에는 등을 똑바로 펴고 상대를 바라보며 또박또박 이야기하는 편이 더욱 호감을 준다는 사실을 명심해야 할 것입니다.

한 연구 보고에 의하면 처음 만나는 사람이라도 자주 시선을 마주치면 왠지 믿을 수 있고 친해지기도 쉽다고 합니다.

그러므로 호의를 갖고 있는 사람이나 친해지고 싶은 사람과는 될 수 있는 대로 자주 눈을 마주치는 것이 좋습니다.

거꾸로 상대가 이쪽을 거의 바라보지 않고 눈도 마주치지 않는다면 당신에게 관심이 없거나 이야기를 지루해하고 있거나 뭔가를 숨기고 있다고 볼 수 있습니다. 친한 사람이 이야기를 나누면서 자꾸 시선을 피하려고 할 때는 뭔가 숨기고 있을 가능성이 큽니다. 시선을 피하는 것은 '상대에게 들키고 싶지 않다' 는 심리의 표현일 경우가 많기 때문입니다.

예를 들면 인간은 거짓말을 할 때 어딘가 부자연스러운 행동을 하게 마련입니다. 동요하고 있다는 마음이나 거짓말을 들키지 않으려고 동작이나 눈의 움직임이 불안해지는 것입니다. '거짓말인 것 같으면 내 눈을 봐' 라는 말이 있듯, 거짓말을 할 때 가장 흔히 나타나는 행동은 시선을 피하는 것입니다. 시선과 눈의 움직임에 대해 대표적인 예를 몇 가지 들어보도록 하겠습니다.

· 상대의 눈을 절대로 보지 않는다

심한 콤플렉스에 시달리고 있으며 상대가 자신을 어떻게 생각하고 있을지 지나치게 신경을 쓰는 나머지 타인과 시선이 마주치는 것을 두려워하고 있는 것입니다. 이런 경향이 극단적으로 심해지면 '대인 공포증' 이라는 증상을 보이게 됩니다. '대인 공포증' 에는 상대의 눈을 쳐다보고 이야기할 수 없는 '시선 공포증' 과 많은 사람들 앞에 나서면 얼굴이 붉어지는 '적면 공포증' 등이 있습니다.

· 시선을 피한다

속마음을 들키지 않으려는 심리의 표현입니다. 단, 여성은 뭔가를 숨기고 있을 때 시선을 피하지 않고 오히려 상대를 물끄러미 바라보는 경향이 있다고 합니다.

· 고개를 돌린다

이제 이 이야기는 그만 해달라는 뜻입니다.

· 눈가를 만진다

뭔가를 얼버무리고 싶을 때 나타나는 행동입니다. 남성은 눈을 비빈 후 시선을 아래로 향하고 여성은 눈 아래를 살짝 만진 후 시선을 위로 향하는 경향이 있다고 합니다.

· 물끄러미 응시한다

상대의 말을 의심하고 있는 것입니다.

· 눈도 깜빡거리지 않고 노려본다

다른 생각에 잠겨 있는 것입니다.

· 쉴 새 없이 눈을 깜빡인다

거부를 의미하는 동작입니다. 성격이 소심하거나 상대를 몹시 무서워하고 있을 경우, 시선을 마주칠 수도 없고 피할 수도 없는 모순으로부터 도망치기 위해 눈을 깜빡이는 횟수가 많아지는 것입니다.

따라서 앞에서 말했던 문제의 답은 B입니다.

■거짓말은 여성의 천성?

지금까지 남성의 거짓말에 대해 알아봤는데 그렇다면 여성은 거짓말을 할 때 어떻게 행동할까요.

여성이 뭔가를 숨기고 있을 때에는 시선을 피하지 않고 오히려 상대를 물끄러미 응시하는 경향이 있다고 합니다.

남성이 거짓말을 할 때 시선을 피하는 등 온갖 신호를 발신해 버리는 데 비해, 여성은 거짓말을 해도 눈 하나 깜짝하지 않는 뻔뻔스러운 동물인가 봅니다.

'허언증' 환자는 대부분 여성이라고 합니다. '허언증'은 '공허증'이라고도 하며, '내가 이렇다면 얼마나 좋을까…'라고 공상하는 동안 어느새 현실과 공상이 뒤섞여서 현실 세계를 무대로 자작 연극을 펼치게 되는 병을 가리킵니다. 무대는 대체로 아름답고 고귀한 세계로, 자신을 중심으로 스토리가 전개되어 가는 것이 특징입니다.

여자 사기꾼들은 '나는 귀족의 후예' 또는 '집안이 대대로 의사' 라는 말로 상대를 속이는 경우가 많은데, '허언증' 은 사기까지는 아니더라도 결과적으로 다른 사람을 속이는 행위라고 할 수 있습니다.

가끔 호들갑스럽게 손짓 발짓을 해가며 이야기를 하는 사람이 있는데, 이런 타입은 화술도 유창하고 이야기도 재미있긴 하지만 드라마틱한 요소를 첨가하고 싶은 나머지 사실을 과장하거나 거짓말을 섞어가며 이야기하는 경향이 있습니다. 희로애락의 격차가 심하고 허영심이 강한 타입으로 상대의 주의를 끌기 위해 효과적인 거짓말을 하는 것이겠죠.

■되묻는 것은 거짓말을 얼버무리기 위한 상투 수단

여성의 거짓말을 꿰뚫어 보는 가장 좋은 방법은 침착하게 대응하며 반응을 살펴보는 것입니다.

예를 들어 당신에게 교제한 지 1년가량 되는 연인이 있다고 가정해 봅시다. 그런데 요즘 그녀는 일을 핑계로 데이트를 거절할 때가 많고 전화를 걸어도 항상 통화 중 아니면 자동 응답기의 메시지가 흘러나오는 등 아무래도 태도가 이상합니다. 게다가 가끔 전화가 연결되어도 빨리 통화를 끝내려 하고 통화 중 다른 전화가 걸려오면 곧 전화를 끊어버리는 것입니다.

싸운 것도 아닌데 그녀의 태도가 이렇게 변했다면 뭔가가 있다고 생각하는 게 당연할 것입니다. 하지만 확실한 근거도 없는데 느닷없이 다른 남자가 생겼냐고 물을 수는 없는 법입니다. 오해일지도 모르고 만약 사실이라 해도 부정하면 그만이니까요.

그래도 사실을 확인해 보고 싶다면 '요즘 좀 이상한 것 같은데 뭐 숨기는 것 없어?' 라고 자연스럽게 물어본 후 반응을 살펴보는 것이 좋습니다.

만약 그녀가 다음과 같이 대답한다면 뭔가가 있다 생각해도 좋을 것입니다.

"별로……. 너야말로 무슨 일 있는 거 아냐?"

"왜 그런 걸 물어? 너 요즘 정말 이상해."

"너야말로 이상하다? 그럼 내가 거짓말이라도 하고 있다는 거니? 말도 안 돼. 뭔가 숨기고 있는 건 바로 너 아냐?"

그 말을 듣고 당신이 '난 숨기는 거 없어' 라고 대답하면 그녀는 '그럼 왜 그런 말을 하는 거니? 너 정말 이상하다' 라며 곧 화제를 바꿀 것입니다.

질문을 했을 때 되묻는 것은 뭔가를 숨기고 싶을 때 대답을 얼버무리기 위한 수단이라고 합니다.

행동으로 알아보는 심리

앉는 위치로 상대의 마음을 살아본다

친구와 함께 레스토랑에 갔습니다. 가게 안이 붐비고 있어서 당신과 친구는 4인석 테이블에 합석을 하게 되었습니다. 테이블은 두 개. 당신은 어느 테이블을 선택하시겠습니까?

A. 먼저 온 손님이 마주 앉아 있는 테이블
B. 먼저 온 손님이 나란히 앉아 있는 테이블

■친근감인가 경쟁심인가, 앉는 위치로 알 수 있는 인간관계

앉는 자세나 거리뿐 아니라 앉는 위치에 따라서도 두 사람의 관계와 상대에 대한 심리를 알 수 있습니다.

상대와 마주 보고 앉느냐, 나란히 앉느냐에 따라 심리 상태는 크게 달라집니다.

예를 들어 사이좋은 커플이나 부부는 나란히 앉는 경우가 많습니다. 나란히 앉으면 연대감이 생기기 때문입니다. 상대와 밀

착된 상태로 같은 방향을 향해 앉아서 동일한 대상을 바라보고 있으면 심리적으로도 연대 의식이 생기기 쉽다고 합니다.

그에 비해 마주 보고 앉으면 시선이 부딪침으로써 대립 감정이나 경쟁 의식이 싹트기 쉽습니다. 대립하는 사람들끼리는 대체로 상대의 상반신이 시야에 들어올 정도의 거리를 유지하며, 테이블을 사이에 두고 앉으면 심리적 거리는 더욱 커진다고 합니다.

고속 철도나 비행기의 좌석이 마주 보는 방향이 아닌 일렬로 나란히 배치되어 있는 것은 타인과 오랜 시간 함께 있어야 하는 불편을 덜어주기 위해서라고 합니다. 나란히 앉아 있으면 남의 눈을 신경 쓰지 않고 잡지를 읽거나 잠을 자는 등 편안하게 쉴 수 있고, 시선이 마주치지 않기 때문에 말을 걸기도 쉽습니다. 그래서인지 여행 중 옆 자리에 앉아 있는 사람과 이야기를 나누다가 어느새 친해져 버리는 경우도 많다고 합니다.

■회의에서는 어느 자리에 앉을 것인가?

회의를 할 때에도 좌석의 선택에 그 사람의 심리가 반영되어 있다고 합니다.

회의실 앞쪽에는 화이트보드가 놓여 있고 긴 테이블과 여덟 개의 의자가 놓여 있습니다.

과연 리더가 되고 싶은 사람과 논쟁을 피하고 싶은 소심한 사람은 각각 어느 자리를 선택할까요? 또 이 사람들과 충돌을 피하기 위해서는 어떤 위치를 선택하는 것이 좋을까요?

일명 리더석이라 불리는 ②⑤⑦⑧은 회의의 흐름을 리드하고 싶은 사람이 적극적으로 선택하는 경우가 많은 자리입니다.

단, 같은 주도권이라 해도 자리의 위치에 따라 그 성격은 미묘하게 다릅니다.

⑦⑧을 선택한 사람은 토론을 독단적으로 이끌어 나가는 적극적이고 권력 지향적인 타입이며, ②⑤를 선택한 사람은 인간관계를 중시하고 회의를 민주적으로 이끌어 나가는 타입입니다.

또 적극적인 사람은 의례적인 회의나 교섭에서는 ⑦⑧을 선택하는 경우가 많고, 브레인스토밍(주 : Brainstorming, 회의에서 모두가 차례로 아이디어를 내어 그중에서 최선책을 결정하는 방법) 등의 격식없는 토론에서는 ②⑤를 선택하는 경우가 많다고 합니다.

그에 비해 ①과 ④, 그리고 ③과 ⑥은 회의에 적극적으로 참가할 의사가 없는 사람이 선택하는 자리입니다. 언제나 이 자리를 선택하는 사람에게는 토론을 피하고 싶거나 눈에 띄지 않고 싶다는 마음이 숨어 있는 것입니다. 아무리 강경하게 발언해도 반격을 하면 꽁무니를 빼는 타입이기도 합니다.

■정면에 앉으면 대립 감정이 싹트기 쉽다(스틴저 효과)

회의나 교섭에 참가한 사람들의 심리를 읽을 수 있는 또 하나의 방법은 바로 '스틴저 효과' 입니다.

미국의 심리학자 스틴저(Stinger)는 소집단의 생태를 연구한 결과 다음 세 가지 경향을 발견했다고 합니다.

A. 과거 토론을 벌였던 사람이 회의에 참가해 있을 경우 누구나 그 사람의 정면에 앉는다.

B. 한 발언이 끝난 후 곧 이어 발언을 하는 사람은 찬성자보다 반대자일 경우가 많다.

C. 의장의 통솔력이 떨어질 경우에는 참가자는 정면에 앉아 있는 사람과 이야기하고 싶어하며, 반대로 통솔력이 뛰어날 경우에는 옆에 앉아 있는 사람과 이야기하고 싶어한다.

이런 경향들을 통해 다음과 같은 사실을 알 수 있습니다.

① 다른 자리가 비어 있음에도 불구하고 당신의 정면에 앉는 사람은 당신에게 뭔가 대립 감정을 품고 있으며 당신의 의견에 사사건건 반론을 펼쳐 올 것입니다.

② 당신의 옆에 앉으려고 하는 사람은 당신에게 친근감을 갖고 있는 것입니다.

③ 거북한 상대와 대립하고 싶지 않으면 상대의 정면이 아닌 옆에 앉는 것이 효과적입니다.

④ 회의 도중 은밀하게 사담이 시작되었을 때 그 자리를 관찰하면 리더의 통솔력을 파악할 수 있을 것입니다.

'스틴저 효과'는 국회에서도 활용되고 있는 수법으로, 회의를 효과적으로 조종하기 위해서는 인간의 심리를 파악하는 것이 매우 중요합니다.

인간의 뇌는 좌뇌와 우뇌로 나뉘어져 있으며 우뇌는 감정을, 좌뇌는 언어와 이론을 주관하고 있습니다. 우뇌는 몸의 좌반신을, 좌뇌는 몸의 우반신을 담당하고 있어서 우뇌가 주관하는 얼굴의 좌측에는 감정이나 속마음이 드러나기 쉽다고 합니다.

즉, 좌측에 앉으면 상대의 감정을 쉽게 파악할 수 있고 동시에 자신의 감정을 쉽사리 들키지 않게 되는 것입니다.

거리에 나타나는 상대에 대한 감정

　당신은 지금 공원의 벤치에 앉아 있습니다. 때때로 지나가던 사람들이 당신의 옆에 앉곤 하는데, 어째서인지 다들 당신과 조금 떨어져서 앉는 것입니다. 그 이유는 무엇 때문일까요.

■인간도 영역을 침범당하면 방어 본능이 작동한다

　만약 당신이 벤치에 앉아 있을 때 지나가던 사람이 당신 옆에 바싹 붙어 앉는다면 당신은 어떤 반응을 보이게 될까요.

　분명 왠지 불안해져서 그 자리를 떠나거나 다른 벤치를 찾게 될 것입니다.

　모든 동물에게는 '영역'이라는 것이 존재합니다.

　인간 또한 자신의 영역에 타인이 함부로 침입하면 혐오감을 품고 그 공간에서 멀어지려고 하는 일종의 방어 본능을 지니고 있습니다.

　가장 알기 쉬운 예가 텅 빈 전철의 좌석이 채워져 가는 패턴일

것입니다. 사람들이 가장 처음 앉는 곳은 좌석의 양 끝이고 그 다음은 양 끝자리에서 가장 먼 곳, 즉 가운데이며 그 후로는 일정한 규칙없이 차츰 빈자리가 채워져 가게 됩니다.

인간이 구석에 앉으려고 하는 것은 될 수 있는 대로 타인과 거리를 두고 싶어하는 심리 때문이라고 합니다.

미국의 동물학자 헤디거(Hediger)는 동물의 행동을 관찰하는 동안 '거리의 법칙' 이라는 한 가지 법칙을 발견했습니다.

예를 들어 인간이 야생마에게 다가가면 말은 한동안 수상한 듯이 인간을 바라보다가 인간이 어느 거리까지 접근해 오면 갑자기 도망을 친다고 합니다(도주의 거리).

그러나 만약 주위에 울타리가 쳐 있다면 말은 오히려 인간을 습격한다는 것입니다(공격의 거리).

또 무리를 지어 있는 말은 서로 일정한 간격을 유지하고 있다고 합니다(개인적 거리).

그러나 무리에서 떨어져 있는 말도 냄새나 울음소리를 통해 무리와의 연결을 유지한다는 것입니다(사회적 거리).

인간의 '개인적 거리' 또한 '방어' 의 의미를 포함하고 있습니다. 인간은 타인이 자신의 영역에 침범하면 불쾌감을 느끼게 되며 반대로 아무도 없는 곳에 있으면 불안감을 가지게 되는 법입니다.

인간이 쾌적함을 느끼기 위해서는 어느 정도의 공간이 필요한데, 이 공간을 '퍼스널 스페이스(Personal Space)' 라고 부릅니다.

그렇다면 인간은 보통 타인과 어느 정도의 거리를 유지하고 있는 것일까요.

미국의 문화 인류학자 에드워드 홀(Edward Hall)은 헤디거의 '거리의 법칙'을 토대로 인간이 의식할 수 있는 거리를 다음 네 가지로 분류했습니다.

① 친밀함의 거리(intimate distance)

·근접형(0~15㎝):피부와 피부가 맞닿는 거리로써 연인이나 모자지간 등 애무, 포옹, 보호의 관계가 상호 확립되어 있는 상태입니다.

·원방형(15~45㎝):몸을 접촉할 수는 없지만 손이 상대의 몸에 닿을 수 있는 거리로써 러시아워의 전철 안이나 좁은 술집 등에서 볼 수 있는 거리입니다.

② 개인적 거리(personal distance)

·근접형(45~75㎝):손을 뻗으면 상대의 몸에 닿을 수 있는 거리로써 연인이 되기 직전의 남녀나 친구 등 친밀한 관계에서 볼 수 있는 거리입니다.

·원방형(75~120㎝):서로 손을 뻗으면 손가락 끝이 닿을 정도의 거리로써 '싸우지 말고 기분 좋게 이야기합시다'라는 심리 상태를 나타냅니다.

③ 사회적 거리(social distance)

·근접형(120~210㎝):상사와 부하, 중역과 비서 등 공적인 관계에서 볼 수 있는 거리입니다.

·원방형(210~360㎝):상대의 몸 전체가 시야에 들어오는 거리로써 사무실에서 상사의 책상이 조금 떨어진 위치에 놓여 있는 것은 부하 직원들의 일하는 모습을 쉽게 관찰하기 위해서입니다.

④ 공개적 거리(public distance)

·근접형(360~750㎝):인간이 의식할 수 있는 영역의 최대 거리로써 교사와 학생 또는 강사와 청중의 거리입니다.

·원방형(750㎝ 이상):정치가나 유명 인사가 몸의 안전을 확보하기 위한 거리입니다.

■상대와의 거리는 심리적인 거리감을 말해 준다

'퍼스널 스페이스'는 개인에 따라 차이가 나는데 이는 국토의 넓이나 몸집의 크기와 관련이 있다고 합니다. 또한 사람에 따라서는 공적인 관계일 경우와 사적으로 친한 관계일 경우 상대와의 사이에 두는 거리는 달라지게 됩니다. 그리고 성별과 연령, 성격이나 상대에 대한 감정에 의해 크기와 형태까지도 달라진다고 합니다.

남성의 '퍼스널 스페이스'가 전방으로 길고 후방으로 넓은 반면 여성의 '퍼스널 스페이스'는 원에 가까운 형태를 지니고 있습니다. 또 여성은 측면으로부터의 침입에 민감하며 상대와의 사이에 두는 거리도 남성보다 짧은데, 그 이유는 여성이 남성보다 타인과 쉽게 친해지기 때문이라고 합니다.

또 외향적인 사람보다는 내향적인 사람이, 사교적인 사람보다는 사교적이지 않은 사람이, 권위적인 사람보다는 자기 평가가 낮은 사람이 보다 '퍼스널 스페이스'가 크고, 함께 있는 사람이 친한 사람일수록 '퍼스널 스페이스'는 작아진다고 합니다. 연인들이 다른 사람들과 떨어져 몸을 밀착시키고 앉아 있는 것이 그 좋은 예일 것입니다.

강의 시간에도 교수에게 호감을 갖고 있는 학생이나 적극적으로 토론에 참가하고자 하는 학생은 앞 자리에 앉고 강의에 흥미가 없는 학생은 뒷자리에 앉는 경향이 있습니다.

　즉, 상대와의 거리는 상대와의 심리적 거리감을 말해 주는 것
입니다.

■가까우면 가까울수록 좋아한다고 단정할 수는 없다

　미국의 심리학자 칸(Kahn)은 남성 한 사람을 여성 두 사람과
한 방에 들여보내서 이야기를 나누게 한 후 어느 여성에게 호감
을 느꼈는지 물어보는 흥미있는 실험을 해보았습니다. 이때 두
여성은 미리 지시받은 대로 한 사람은 남성으로부터 50㎝ 거리
에 또 한 사람은 2m 40㎝ 거리에 앉았다고 합니다.

　또 칸은 실험 대상을 여성 한 사람과 남성 두 사람으로 바꿔보
기도 했는데, 이런 실험을 되풀이한 결과 인간은 자신과 더욱 가
까운 거리에 있는 사람일수록 호감을 느낀다는 사실이 판명되었
습니다.

　가장 친근감이 느껴지는 거리는 손을 뻗으면 상대의 몸에 닿
을 수 있는 약 50cm 정도의 거리라고 합니다. 따라서 호감을 갖
고 있는 사람에게는 될 수 있는 대로 가까이 다가가서 인사하거
나 말을 거는 편이 좋을 것입니다.

　단, ‘그러고 보니 요즘 그녀가 내게 유달리 가까이 다가오곤
하던데 혹시 내게 마음이 있는 것은 아닐까?’ 라고 속단하는 것은
금물입니다. 남성과 가까이 있어도 아무렇지 않은 여성도 있고
2m 가까이 떨어져 있어도 의식해 버리는 여성도 있기 때문입니

다. 그러니 그 여성이 평소 타인과 어느 정도의 거리를 유지하고 있는지 유심히 관찰한 후 결론을 내리는 편이 좋을 것입니다.

의도적인 접근에는 두 종류가 있습니다.

상대에게 호감을 갖고 있는 경우와 상대를 불안하게 만들기 위해 고의적으로 접근하는 경우입니다.

참고로 미국의 형사들이 보는 교과서에는 다음과 같은 항목이 있다고 합니다.

"담당관은 용의자로부터 2~3피트(약 60~90cm) 거리에 의자를 두고 심문을 시작한다. 심문이 진행됨에 따라 상대에게 접근하여 최종적으로는 용의자의 무릎 사이에 자신의 무릎이 들어갈 정도로 다가간다."

이것은 상대의 영역을 고의적으로 침범해서 자신감을 잃게 한 후 이쪽의 페이스로 끌어들이는 기술이라고 합니다.

만약 당신에게 접근하는 사람이 둘 중 어느 쪽에 해당되는지 알고 싶다면 당신이 그 사람과 함께 있을 때 어떤 자세를 취하는지 살펴보기 바랍니다.

상대의 목적이 당신을 불안하게 만드는 것이라면 당신은 상체를 뒤로 젖히고 있을 것입니다. 친하지 않은 사람과는 몸의 일부가 닿으면 뒤로 살짝 물러서는 등 더 이상 가까워지지 않도록 무의식적으로 방어 태세를 취하게 되기 때문입니다.

고개를 끄덕이는 모습으로 살아보는 상대의 속마음

　당신은 상사에게 열심히 기획을 제안하고 있는 중입니다. 그런데도 상사는 한 번도 고개를 끄덕이지 않고 당신을 빤히 바라보고만 있는 것입니다. 생각에 잠겨 있는 것일까요, 당신의 말을 일부러 못 들은 척하고 있는 것일까요, 아니면 당신을 거부하고 있는 것일까요. 이럴 때 당신은 어떤 기분이 들 것 같습니까?

■고개를 끄덕이는 것은 대화를 촉진시키는 중요한 비언어 의사 소통이다

　고개를 끄덕이는 것은 아이 컨텍트와 마찬가지로 대화의 중요한 역할을 차지하고 있습니다. 상대가 웃는 얼굴로 고개를 끄덕이며 열심히 귀를 기울여 주면 좀 더 많은 이야기를 하고 싶어지는 것이 인간의 심리이기 때문입니다.

　미국의 심리학자 마타라조(Matarazzo)는 고개를 끄덕이는 것이 대화에 어떤 영향을 미치는지 알아보기 위해 다음과 같은 흥미있는 실험을 해보았습니다.

먼저 경찰관과 소방관 채용 시험을 실시한 후 30분간의 면접 시간 중 처음 10분간은 보통으로 고개를 끄덕이고 다음 10분간은 빈번하게 고개를 끄덕이며 마지막 10분간은 전혀 고개를 끄덕이지 않았을 경우 지원자들이 어떤 반응을 보이는지 조사하는 실험이었습니다.

그 결과 고개를 끄덕이는 횟수가 증가할수록 지원자들의 이야기 시간이 길어졌으며 전혀 고개를 끄덕이지 않으면 입을 다물어 버리는 사람이 많았다고 합니다. 면접관을 바꿔도 결과는 마찬가지였으며, 실험 결과 고개를 끄덕여 주느냐 끄덕여 주지 않느냐가 상대의 발언에 큰 영향을 미친다는 사실이 판명되었습니다.

상대가 자주 고개를 끄덕여 주면 자신의 이야기를 이해해 주고 있다는 생각에 차츰 말수가 많아지고, 반대로 상대가 고개를 끄덕여 주지 않으면 자신의 이야기에 흥미가 없는 것은 아닐까 하는 불안감 때문에 차츰 말수가 줄어들게 되는 것입니다.

고개를 끄덕이거나 맞장구를 치는 것은 대화를 매끄럽게 이끌어 나가기 위해 꼭 필요한 윤활유임과 동시에 상대의 속내를 털어놓게 만드는 중요한 기술이기도 합니다.

물론 고개를 끄덕이거나 맞장구를 치는 것은 아이 컨텍트 등의 비언어 의사 소통과 병행해야만 그 효과를 발휘할 수 있습니다. 형식적으로 고개만 끄덕이면 상대는 '사실은 내 말을 안 듣고 있군' 이라고 생각하게 되기 때문입니다.

이처럼 고개를 끄덕이느냐, 끄덕이지 않느냐에 따라 상대의 말수를 많아지게 할 수도 있고 줄어들게 할 수도 있는 것입니다.

■효과적으로 고개를 끄덕이는 것이 중요하다

그럼 어떻게 해야 상대가 본심을 털어놓게 만들 수 있을지 소위 명리포터라고 불리는 사람들의 노하우를 통해 구체적으로 알아보도록 합시다.

명리포터들의 공통점은 제한된 시간 내에 상대로부터 시청자나 독자가 듣고 싶어하는 이야기를 끌어내는 기술이 뛰어나다는

점입니다.

그러기 위해서는 먼저 상대를 빨리 자신의 페이스로 끌어들여야 합니다.

처음 만난 사람 앞에서는 누구나 긴장하는 법입니다. 또 상대가 어떤 인물인지도 모르고 어떤 의도를 숨기고 있는지도 모르기 때문에 위험한 대답을 피해서 조심스럽게 대화를 이끌어 나가게 마련입니다. 특히 유명한 스타나 저명인사 중에는 겉으로는 웃고 있지만 상대와의 사이에 심리적인 바리케이드를 치고 쉽사리 속내를 드러내지 않는 사람이 많습니다.

그럼에도 불구하고 누구나 명리포터에게 걸리면 어느샌가 상대의 페이스에 말려들어서 무심코 속내를 털어놓게 됩니다. 왜냐하면 인간은 다음과 같은 사람에게 약하기 때문입니다.

① 자신을 잘 알아주는 사람

대부분의 명리포터들은 사전에 상대의 정보를 수집해 둔다고 합니다. 그리고 아무리 사소한 정보라 해도 대화의 실마리로 삼아 '나는 당신에 대해 잘 알고 있다'는 신호를 곳곳에 내비침으로써 친근감과 신뢰감을 높이는 것입니다.

② 자신을 편안하게 해주는 사람

명리포터는 대화가 시작되기 전에 상대를 편안하게 만들어줍니다.

언젠가 회의에 참석했을 때 이런 광경을 본 적이 있습니다.

마침 회의가 시작되기 전이라 회의장은 텅 비어 있었는데, 일

찍 나와서 기다리고 있던 의장이 참가자들이 올 때마다 농담을 건네거나 잡담을 해서 회의장의 분위기를 편안하게 만드는 것이었습니다. 덕분에 회의는 무척 화기애애하게 진행될 수 있었습니다.

긴장을 하고 있으면 상대에게도 그 긴장이 전해져서 대화도 매우 어색해지게 됩니다. 대화를 활기 차게 이끌어 나가기 위해서는 시종일관 미소를 지으며 농담을 해서 서로의 긴장을 풀어 나가는 것이 좋습니다.

③ 고개를 끄덕여 주는 사람

마지막으로 잊어서는 안 될 것이 맞장구를 치는 것과 고개를 끄덕이는 것입니다.

타이밍을 잘 맞춰서 맞장구를 치는 것도 중요하지만 시종일관 '네'로 일관되는 맞장구는 이야기하는 사람을 지루하게 만드는 법입니다.

효과적인 것은 '그럼요', '정말 그래요', '네, 맞는 말이에요' 등 다양한 대답을 하는 것입니다. 대화가 리듬을 타기 시작하면 상대는 흥이 나서 무심코 진심을 털어놓게 될 것입니다.

입가에는 본심이 숨어 있다

    인간의 표정 중에서 가장 매력적인 것은 웃는 얼굴입니다. 웃는 얼굴은 분위기를 부드럽게 해주고 기분을 밝게 만들어줍니다.

    그럼 웃음의 형태에는 어떤 종류가 있을까요.

    웃음의 형태는 사람에 따라 다릅니다. 입을 크게 벌리고 호쾌하게 웃는 사람, 쿡쿡 웃는 사람, 입술 끝을 살짝 올리며 웃는 사람 등 웃는 모습은 사람에 따라 매우 다양합니다.

    웃음에도 그 사람의 성격과 자라온 환경이 반영되어 있다고 합니다. 자, 당신의 웃는 얼굴은 과연 어떤 특징을 갖고 있습니까.

■웃는 얼굴은 사람에 따라 천차만별이다

입가에는 그 사람의 성격과 심층 심리가 나타나 있습니다.

예를 들어 밝고 낙천적이며 잘 웃는 사람은 평소에도 미소를

짓는 듯한 입가를 지니고 있습니다. 또 부정적이고 툭하면 남의 험담을 일삼는 사람은 입가도 자연스럽게 불만으로 가득 찬 형태를 하고 있습니다.

말만 앞설 뿐 행동은 하지 않고 자신의 잘못이나 단점은 제쳐 둔 채 '그 사람은 그릇이 작아' 또는 '행실이 그런데 누가 그 여자를 좋아하겠어?' 라며 남을 비판하기만 하는 사람은 대부분 입술이 일그러져 있습니다.

또 입술 양 끝이 처져 있는 사람은 까다로울 확률이 높고 상대를 거절하는 듯한 인상을 주기 때문에 따돌림을 당하는 경우가 많다고 합니다.

편안하게 쉬고 있을 때, 또는 멍하니 생각에 잠겨 있을 때 인간은 무의식적으로 무방비 상태가 됩니다. 그리고 그럴 때의 표정에는 그 사람의 성격과 버릇, 고민이 나타나게 되는 법입니다.

간혹 여성의 미소를 자신에 대한 호의로 착각하는 남성이 많은데, 상대가 미소를 짓고 있어도 입가나 표정 등 얼굴 전체를 관찰해 볼 필요가 있습니다.

윗니만 보이게 미소를 짓고 있거나 미소를 짓고 있어도 표정이 딱딱하고 눈은 웃고 있지 않다면 상대를 거부하거나 경멸하고 있는 것입니다.

우는 얼굴은 국가를 불문하고 모두 똑같지만 웃는 얼굴은 사람에 따라 천차만별입니다. 특징이 있는 웃음은 심리학적으로 다음과 같은 성격을 반영하고 있다고 합니다.

· '히히히' 하고 웃는다

짓궂고 사람을 바보 취급하는 경향이 있습니다.

· '흐흥' 하고 코웃음을 친다

남을 깔보고 경멸하는 경향이 있습니다.

· 입술 끝을 올리며 '씨익' 웃는다

스스로에게 자신을 갖고 있는 야심가 타입입니다.

· 한쪽 뺨을 올리며 '씨익' 웃는다

자신만만하지만 허무주의에 젖어 있는 타입입니다.

· 콧김만 내뿜을 뿐 소리를 내지 않고 웃는다

웃을 때조차 힘을 아끼는 구두쇠 타입입니다.

· '쿡쿡쿡' 하고 입을 벌리지 않고 웃는다

이를 보이지 않고 웃는 사람은 비밀이 많은 타입이라고 합니다.

· '킥킥' 하고 웃는다

호기심이 강해서 뭐든지 해보고 싶어하며 희로애락의 기복이
심한 타입입니다.

· 필요 이상으로 크게 웃는다

눈에 띄고 싶어하지만 사실은 소심한 타입입니다.

· 입을 크게 벌리고 호쾌하게 웃는 여성

개방적이고 형식에 얽매이지 않는 타입입니다.

· 여자처럼 웃는 남성

평소에는 성실하고 얌전하지만 가끔씩 대담한 행동을 해서 사

람들을 놀라게 하는 타입입니다.

■입가에도 성격이 나타나 있다

웃는 모습뿐 아니라 입가에도 그 사람의 성격과 심층 심리가
나타나 있다고 합니다.

·손으로 입을 가린다

여성 중에 이런 버릇을 갖고 있는 사람이 많은데 이야기를 할
때 자주 입을 가리는 것은 방어 본능 때문이라고 합니다. 이런
타입은 자신의 약점이 남에게 알려지는 것을 꺼려하고 실수를
하면 감추고 싶어하는 경향이 있습니다. 즉, 이야기를 하면서 손
으로 입을 가리는 사람은 경계심이 강하고 속마음을 들키지 않
으려고 하는 타입입니다.

·손으로 입을 가리고 웃는 여성

이런 타입의 여성 중에는 내성적인 사람이 많은데, 손으로 입
을 가리고 웃는 것은 성적인 욕구를 상대에게 들키지 않으려는
심리의 표현이라고 합니다.

·잠자코 손으로 입을 가리고 있다

상대와의 대화를 그만두고 싶다는 뜻입니다.

입을 가리는 동작은 감추는 것을 의미하는 동시에 상대와의

대화를 거부한다는 표현이기도 합니다.

　한 실험에 의하면 상대가 큰 소리로 이야기를 할 때 머리를 뒤로 젖히고 손으로 입을 가리면 상대의 말수는 점점 줄어든다고 합니다. 왜냐하면 이 동작은 '난 지금 당신과 이야기할 기분이 아냐. 빨리 사라져 줘' 라는 뜻이기 때문입니다.

예의없는 사람일수록 자주 웃긴 해도 결코 미소를 짓지는 않는다. 그에 비해 예의 바른 사람은 자주 미소를 짓긴 해도 결코 웃지는 않는다.

—영국의 문인이자 정치가 체스터필드

흡연 습관으로 알아보는 상대의 심리

샐러리맨으로 보이는 중년 남성 두 사람이 카페에 마주 앉아서 담배를 피우며 이야기를 나누고 있습니다.

한 사람은 연기를 상대가 앉아 있는 방향으로 내뿜고 있고 다른 한 사람은 연기를 아래쪽이나 옆으로 내뿜고 있습니다.

당신은 이 두 사람을 어떻게 생각하십니까?

■가장 자존심이 센 사람은?

요즘은 흡연자들이 점점 설자리를 잃어가고 있는데요, 흡연 습관에도 그 사람의 성격이 나타나 있어서 많은 심리학자들이 흡연 습관과 성격의 연관성을 다방면으로 연구 중이라고 합니다.

만약 당신이 담배를 피운다면 다음 다섯 가지 습관을 떠올려 봐주세요.

① 담배를 드는 습관
② 담배를 무는 습관
③ 연기를 내뿜는 습관
④ 재를 터는 습관
⑤ 담배를 끄는 습관

① 담배를 드는 습관
· 검지손가락과 가운뎃손가락 끝에 담배를 끼운다

가장 일반적인 타입으로 성실하고 평범한 사고방식의 소유자입니다. 대화를 좋아하고 친절하지만 결단력이 부족해서 주위에 휩쓸리기 쉬운 타입입니다.

· 검지손가락과 가운뎃손가락 아랫부분에 담배를 끼운다

행동파이고 자기 주장이 강한 타입이지만 그만큼 오해를 받거나 반감을 사는 경우도 있습니다.

・엄지손가락과 검지손가락과 가운뎃손가락으로 담배를 든다

액션 영화의 주인공이 이런 스타일로 담배를 피우는 경우가 많은데, 이런 타입은 머리가 좋고 직장에서도 유능함을 발휘합니다. 단, 자존심이 세고 지나치게 자신만만해서 오히려 따돌림을 당할 우려도 있습니다.

② 담배를 무는 습관

・입술의 오른쪽 끝에 담배를 문다

결단력이 있고 대담한 타입입니다.

・입술의 왼쪽 끝에 담배를 문다

쉽사리 결단을 내리지 않는 매우 용의주도한 타입입니다.

・입술 중앙에 담배 끝을 위로 향해서 문다

얌전하고 성실해 보이는 외모와는 달리 허영심이 강해서 자신의 능력을 뛰어넘는 위험한 도박에 도전했다가 실패하기 쉬운 타입입니다.

・입술 중앙에 담배 끝을 아래로 향해서 문다

절대로 무모한 짓을 하지 않는 성실하고 상식적인 타입입니다.

・담배를 입에 문 채 손으로 딴 짓을 한다

자신만만하고 유능하며 자신의 일에 긍지와 자부심을 갖고 있는 타입입니다.

・필터를 깨물어서 침으로 적신다

남성에게서 많이 볼 수 있는 습관으로 인격이 성숙하지 못하

고 어린아이 같은 타입입니다.

③ 연기를 내뿜는 습관

· 앞 사람을 향해 연기를 내뿜는다

도전적인 타입으로 상대를 무시하거나 공격적인 기분일 때는
이런 식으로 연기를 내뿜게 된다고 합니다. 남의 말을 듣지 않는
완고한 성격에 다소 새디스트(주 : Sadist, 가학성 변태성욕자) 경향
이 있습니다.

· 아래쪽이나 옆쪽으로 연기를 내뿜는다

온화하고 성실한 타입입니다. 연기가 상대에게 가지 않도
록 신경 쓰는 것은 인간관계를 중시하고 남을 배려할 줄 아는
증거라고 합니다.

④ 재를 터는 습관

· 쉴 새 없이 재를 재떨이에 턴다

꼼꼼하고 신경질적이며 매사에 적당히 넘어가는 법이 없기 때
문에 스트레스가 쌓이기 쉬운 타입입니다. 쉴 새 없이 재를 털어
내는 것은 일종의 강박 관념이라고 할 수 있습니다.

· 재가 길어진 후에 턴다

게으른 데다가 본질적으로는 소심하고 치사한 타입입니다.

· 주위에 담배를 피우지 않는 사람이 있으면 담배 끝을 위로 향
한다

남을 세심하게 배려할 줄 아는 타입입니다.

⑤ 담배를 끄는 습관
·**꽁초를 톡톡 쳐서 끈다**

신중하지만 자기 주장이 없고 언제나 남들의 뒤에 숨으려고
하는 타입입니다.
·**담배 끝을 재떨이에 수직으로 눌러서 끈다**

정에 끌려 다니지 않고 매사를 확실하게 처리하는 타입입니
다. 이런 타입은 일과 놀이, 연애와 결혼은 별개라고 생각하고
있어서 만약 불륜을 저지른다 해도 가정을 버리지는 않는다고
합니다.
·**담배를 둘로 꺾어서 끈다**

밝고 활발하지만 경박하고 약속을 잘 지키지 않는 타입입니
다.
·**담배를 세 군데 이상 꺾어서 끈다**

성실해 보이지만 실은 바람둥이 타입입니다.
·**불이 붙어 있는 부분을 재떨이에 떨어뜨려서 끈다**

성(性)에 대해 관심이 많고 매저키스트(주 : Masochist, 피학대 음
란증 환자)적인 경향이 강한 타입입니다. 성격이 급해서 성급하게
굴다가 실수를 하거나 낭패를 보는 경우도 종종 있을 것입니다.
·**불이 잘 꺼지지 않아도 신경 쓰지 않는다**

어리광이 심하고 좋고 싫은 것이 분명하며 자기중심적인 성격

으로 남을 배려할 줄 모르고 협력심도 부족한 타입입니다.

· 재떨이에 물을 부어서 끈다

완벽주의자인 면과 둔감한 면을 동시에 지니고 있는 타입입니다. 평소에는 조용하지만 간혹 엉뚱한 행동을 해서 주위를 당황하게 만들기도 합니다.

 담배를 피우는 모습에는 그 사람의 심리 상태가 반영되어 있다.

—미국의 심리학자 J · 파스트

통화 습관으로 알아보는
상대의 심리

한 사무실에서 두 남성이 전화를 걸고 있습니다.

A. 책상 반대 방향을 향해 서서 사무실이 떠나가라 큰 소리로 이야기하고 있다

B. 통화를 하면서 계속 손을 흔들거나 손가락질을 하거나 고개를 끄덕이고 있다

자, 당신은 이 두 사람을 어떻게 생각하십니까?

■통화 습관을 통해 숨겨진 성격을 알 수 있다

요즘은 한 사람이 한 대씩 휴대 전화를 갖고 있는 시대라고 합니다. 특히 젊은이들 사이에서 휴대 전화는 통신 수단이라기보다는 커뮤니케이션을 위한 필수품으로 자리를 잡아가고 있는 추세입니다.

　이제 전화는 우리 생활에 없어서는 안 될 필수품이라고 할 수 있는데요, 전화를 거는 습관에도 그 사람의 성격과 심리가 나타나 있다고 합니다.

　성격이 급한 사람은 버튼을 누르는 속도가 빠르고 상대가 전화를 받을 때까지 쉴 새 없이 몸을 흔들거나 미간을 찡그리며 주위를 둘러보는 등 초조하게 움직이곤 합니다. 급한 용건으로 전화를 거는 사람도 마찬가지입니다. 수화기를 든 채 전화를 손가락으로 톡톡 치거나 입술을 깨물며 한숨을 쉬거나 수첩을 꺼내

서 펼치는 것은 심리적으로 초조하다는 증거라고 합니다.

성격이 느긋한 사람이나 신중한 사람은 버튼을 천천히 누른 후 수화기를 귀에 댑니다. 이 두 타입의 결정적으로 다른 점은 꼼꼼하고 신중한 사람은 신호를 기다리며 액정 화면에 표시된 번호가 맞는지 눈으로 확인하고 있다는 점입니다.

또 상대가 부재중일 경우 자동 응답기에 남기는 메시지에도 그 사람의 성격이 드러나 있습니다. 성격이 급한 사람은 목소리를 들으면 전화를 건 사람이 누구인지 알 거라는 생각에 이름도 밝히지 않고 용건만 말한 후 전화를 끊어버리곤 합니다. 그에 비해 신중하고 꼼꼼한 사람은 이름을 밝힌 후 용건 외에도 전화를 건 날짜와 시간, 그리고 장소까지 남기는 경우가 많습니다.

앞에서 언급한 A는 보스가 되고 싶거나 보스라는 사실을 과시하고 싶어하는 타입입니다. 이런 타입은 자신이 보스라는 사실을 끊임없이 확인하지 않으면 불안을 느끼게 됩니다.

B는 틀림없이 일을 좋아하는 사람일 것입니다. 일을 할 때에는 대단한 집중력을 발휘하며 상대를 설득하여 자신의 페이스로 끌어들이지 않으면 직성이 풀리지 않는 타입입니다.

■중요한 얘기는 만나서 하는 것보다 전화로 하는 편이 좋다?!

그럼 이번에는 전화를 끊을 때의 습관에 대해 알아보도록 할까요.

다른 사람이 전화를 걸어왔을 때는 통화가 끝나면 상대가 전화를 끊은 후 수화기를 내려놓는 것이 예의인데, 이때 상대가 전화를 끊었다는 것에 안심한 탓인지 숨겨진 성격이 언뜻 드러나는 경우가 있습니다.

전화기가 부서져라 큰 소리를 내며 아무렇게나 수화기를 내려놓는 사람은 물건을 함부로 다루고 소음에 둔감한 타입입니다. 평소 아무리 얌전하다 해도 이런 식으로 전화를 끊는 여성은 겉모습과 성격이 정반대라고 합니다. 평소의 태도와 말투는 남의 눈을 의식한 연기에 불과하며 실제로는 성격이 거칠고 상당한 기분파입니다.

일반적으로 전화를 할 때에는 서로의 얼굴이나 동작이 보이지 않아서 하고 싶은 말을 정확하게 전달할 수 없다고들 하지만 실은 그렇지도 않습니다.

이것이 사실인지를 알아보기 위해 실험 참가자들에게 사회 문제에 대해 앙케트를 한 후 의견이 다른 상대와 조를 짜서 다음 세 종류의 방법으로 서로의 의견이 일치될 때까지 토론을 하게 해 보았습니다.

A. 직접 만나서 이야기한다

B. 화상 전화로 이야기한다

C. 전화로 이야기한다

　실험 결과 가장 효과가 높았던 것은 C로 서로의 주장을 받아들여 의견을 바꾼 사람이 많았고 또 의견도 가장 빨리 일치되었다고 합니다. 표정이나 동작이 보이지 않는 만큼 이야기에 집중할 수 있었던 것입니다. 상대에 대한 인상도 직접 만나서 이야기한 사람들이나 화상 전화로 이야기를 나눈 사람들보다 전화로 이야기한 사람들 쪽이 '호감이 느껴진다', '이성적이다', '신용할 수 있다' 등 상대에게 호감을 보였다고 합니다.

　전화를 우습게 보지 마세요. 의견이 일치하지 않을 때에는 직접 만나서 이야기하는 것보다 대화에 집중할 수 있도록 전화로 이야기하는 편이 좋을지도 모르니까요.

술버릇에도 본심이 드러난다

당신은 지금 직장 사람들과 함께 술을 마시러 와 있습니다.

당신과 동료, 그리고 상사의 술버릇은 다음 중 어느 것에 해당됩니까?

A. 즐겁게 떠든다
B. 말수가 줄어들고 표정이 어두워진다
C. 전투 태세에 들어간다

■술자리에서 이리저리 돌아다니는 사람의 잠재의식은 어떤 것일까?

직장인에게는 접대나 술자리도 일종의 업무인데요, 술자리에서 주위를 관찰해 보면 술버릇도 사람에 따라 천차만별이라는 것을 알 수 있습니다.

명랑해지는 사람도 있고, 어둡고 말수가 적어지는 사람도 있고, 노래방에 가고 싶어하는 사람도 있고, 평소에는 얌전한데 술만 마시면 상사에게 덤벼드는 사람도 있습니다. 직장에서는 자신을 꾸미고 있지만 취하면 긴장이 풀려서 평소 억압되어 있던 감정과 욕구가 드러나 버리는 것입니다.

술버릇은 그 사람의 본성이라 해도 과언이 아닙니다. 술버릇을 통해 알 수 있는 성격과 심층 심리에 대해 몇 가지 예를 들어 보도록 하겠습니다.

· 명랑하고 말수가 많아진다

간혹 술을 마시면 평소보다 명랑하게 떠들어대는 사람이 있

습니다. 일이나 인간관계에 스트레스와 부담을 느끼고 있을 때 술로 긴장을 푸는 경우가 많은데, 웃거나 말수가 많아지는 것은 술자리를 편안하게 즐기고 있다는 증거입니다. 근본적으로 성실하고 예의 바른 타입으로 아무리 취해도 천박하게 주정을 부리거나 하지는 않습니다. 좋은 의미로 스트레스를 해소하기 위해 술을 마시고 있는 것입니다. 이런 타입은 평소에도 성격이 온화하고 정신적으로도 균형이 잘 잡혀 있어서 인간관계나 이성 관계에 말썽을 일으키지 않고 사회적으로도 신용도가 높다고 합니다.

· 말수가 줄어들고 표정이나 태도가 어두워진다

정신적으로 불안정한 타입입니다. 평소에는 명랑하고 말수가 많은 사람도 고민이나 걱정거리가 있을 때에는 취하면 우울해지는 법이지만, 취했다 하면 늘 어두워지는 사람은 마음에 늘 불안을 안고 있는 사람이라고 합니다. 평소에는 그것을 들키지 않으려고 허세를 부리거나 강한 척하지만 실은 스스로에게 자신이 없기 때문에 취하면 불안감이 커져서 말수가 줄어드는 것입니다.

· 노래를 부르고 싶어한다

술만 마셨다 하면 노래방에 가자고 설쳐 대는 것은 기본이고, 심지어 술집에서도 노래를 부르고 싶어하는 사람은 사교적이고 적극적인 성격의 소유자라 할 수 있습니다. 특히 한번 마이크를 잡으면 끝까지 놓지 않는 사람은 눈에 띄기 좋아하는 타입이라고 합니다. 한편 분위기가 썰렁해졌을 때 '자, 이쯤에서 한 곡 불러볼까?' 라며 나서는 사람은 두뇌 회전이 빠르고 분위기 파악을 잘하는 사람입니다. 분위기를 파악하는 능력이 탁월해서 의지할 수 있는 상사로서 부하 직원들의 신뢰도 두텁습니다. 또 유행하는 노래를 열심히 외워서 부르는 사람은 장난기가 많고 도전 정신이 왕성한 타입이라고 합니다.

• 아무에게나 시비를 건다

간혹 평소에는 말수도 적고 눈에 띄지 않는 사람이 취하기만 하면 눈빛이 험악해지며 전투 태세에 들어가는 경우가 있습니다. 평소 억압되어 있던 공격과 지배에 대한 욕구가 술기운으로 인해 단숨에 폭발하여 이런 행동으로 나타나게 되는 것입니다. 이른바 '주사' 라고 불리는 이런 고약한 술버릇을 가진 사람 중에 평소에는 꿔다 놓은 보릿자루처럼 얌전하고 소심한 사람이 많은 것도 억압되어 있던 잠재의식의 폭발 때문이라고 합니다.

• 운다

평소에는 밝고 쾌활한 사람이 술만 들어가면 훌쩍훌쩍 울거나 갑자기 큰 소리로 울음을 터뜨리는 경우가 있습니다. 남성의 경우에는 부부 생활이 원만하지 못하거나 성적인 욕구 불만이 쌓였을 때 이런 술버릇이 나타나며 여성의 경우에는 감성적이고 외로움을 많이 타는 성격의 소유자라고 합니다.

• 한자리에 있지 않고 여기저기 돌아다닌다

진득하지 못한 사람은 평소에도 한자리에 오랫동안 앉아 있지 못하고 이리저리 돌아다니기 마련입니다. 그러나 맥주를 따르며 돌아다니거나 분위기를 띄우려고 떠들어대는 '분위기 메이커'라면 몰라도 취하기만 하면 자리를 이동하고 싶어하는 사람은 반항적이고 형식에 얽매이는 것을 싫어하는 타입입니다. 이런 술버릇은 고정된 장소에서 넓은 곳으로 이동하고 싶다는 마음의 표현이기도 합니다. 또 다른 자리로 이동한 채 술자리가 끝날 때까지 돌아오지 않는 사람은 원래 앉아 있던 자리의 맞은편에 있는 사람에게 욕구 불만이나 열등감을 갖고 있을 가능성이 높습니다.

· 평소와 변함이 없다

아무리 마셔도 얼굴색 하나 변하지 않는 주당과는 달리 취하기 전에 마시기를 그만두는 사람은 예의 바르게 보이지만 실은 경계심이 강한 타입입니다. 싸움이나 충돌이 일어나는 것을 싫어하고 자신의 결점을 남에게 보이기 싫어하는 자존심이 강한 성격이기도 합니다.

· 야한 얘기를 한다

남자들끼리 술을 마시다 보면 어느새 가벼운 음담패설이 시작될 때가 많습니다. 거부감없이 들을 수 있는 악의없는 가벼운 이야기라면 몰라도 술만 들어가면 끈질기게 야한 얘기를 계속하는 사람은 성적으로 열등감을 갖고 있거나 욕구 불만이 쌓여 있는 상태라고 합니다.

가까이 있는 여성의 몸을 만지거나 야한 질문을 하는 등 성추행에 가까운 행동을 하는 남성 또한 성적으로 열등감을 갖고 있거나 욕구 불만이 쌓여 있는 사람입니다. 연하의 남자 사원에게 이런 행동을 하는 여성 또한 마찬가지입니다.

어떤 욕구를 심하게 억압받고 있는 나머지 정반대의 행동을 취하는 것을 '반동 형성'이라고 합니다. 술을 마시면 가까이 있는 여성에게 치근대는 것도 반동 형성의 일종으로, 이런 행동은 충족되지 못한 성욕에 대한 보상 행위인 것입니다.

과거에 있었던 일을 자랑 삼아 늘어놓는 것과 마찬가지로 시대에 적응하지 못하는 증거입니다. 중년에 접어든 남성이나 여성이 이성에게 인기가 있다고 자랑하는 것은 자신이 나이가 많다는 것을 느끼고 있기 때문이라고 합니다.

악수를 하는 방법을 통해 사교성을 알 수 있다

처음 만난 사람이 당신에게 악수를 청했습니다. 당신의 악수
는 다음 중 어느 것에 가깝습니까?

A. 상대의 손을 힘껏 잡는다
B. 상대의 손을 살짝 잡는다
C. 악수를 하기 전에 상대의 눈을 물끄러미 응시한다
D. 악수에는 응하지 않고 가볍게 목례만 한다

■보는 것보다는 접촉을 하는 것이 보다 친근감을 준다

요즘 젊은 세대 중에는 허리를 굽히거나 고개를 숙이는 인사
법 대신 악수를 하는 사람이 점차 늘어가고 있는데 이 악수를 통
해서도 상대의 성격을 파악할 수 있습니다. 또 악수는 몸과 몸이
직접 접촉하는 인사이기 때문에 상대의 심리를 파악하기도 쉽다
고 합니다.

동양인에게 악수란 아직은 조금 친숙하지 못한 인사이지만 미국에서는 가장 보편적인 인사가 무엇이냐고 물으면 누구나 '악수'라고 대답할 것입니다. 악수(Shake Hands), 웃는 얼굴(Smile), 몸짓(Sign)은 3S 효과라 하여 미국에서는 가장 중요한 의사 소통 수단으로 여겨지고 있기도 합니다.

그럼 서양인들이 악수를 하게 된 유래는 무엇일까요.

악수는 인류가 아직 벌거벗고 생활하던 시대에 남자들끼리 상대의 성기를 잡고 인사했던 것이 시초라고 합니다. 그것이 이윽고 손과 손을 맞잡는 형태로 변화한 것인데, 악수에는 무장 해제라는 의미도 포함되어 있습니다.

악수란 상대의 신뢰를 얻기 위해 손을 내밀고 '자, 보세요. 내

손에는 아무런 무기도 없습니다'라는 것을 보여주는 의식이기도 합니다. 단순한 인사가 아닌 신뢰의 증거인 것입니다. 사업상의 자리에서 서로 악수를 나누는 것도 신뢰가 쌓이면 계약을 체결하기가 수월해지기 때문이라고 합니다.

미국에서 있었던 유명한 실험을 예로 들어보도록 하겠습니다.

실험 내용은 다음 세 종류의 방법으로 사람들을 만나게 한 후 각각 상대에게 어떤 인상을 받았는지 물어보는 것이었습니다.

① 눈을 가리고 이야기하게 한다

② 대화는 없이 대면만 하게 한다

③ 눈을 가리고 악수만 하게 한다

실험을 되풀이한 결과 사람들이 가장 좋은 인상을 받은 것은 ③이었습니다. ①은 '거리감이 느껴진다', '형식적인 느낌이 든다'라고 대답한 사람이 많았으며 ②도 '차갑다', '건방져 보인다', '어른스럽지 못한 것 같다' 등 부정적인 평가뿐이었습니다. 그에 비해 ③은 '따뜻하게 느껴진다', '믿을 수 있는 사람인 것 같다' 등 좋은 인상을 받은 사람이 많았고 이 중 50%에 가까운 사람이 또 만나고 싶다고 응답했습니다.

유명 스타나 대선 후보들이 팬들과 악수를 하는 것도 이런 심리 때문입니다. 악수는 피부와 피부가 접촉하는 행위이며 이야기를 나누거나 몸짓을 하는 것보다 상대를 가깝게 느끼고 친근감을 높여주는 효과가 있습니다.

그에 비해 허리를 굽히거나 고개를 숙이는 인사법은 시각적인 정보에 의존할 수밖에 없는데 그 정보가 반드시 정확한 것은 아닙니다. 왜냐하면 상대에게 좋은 첫인상을 주기 위해 일부러 예의 바르게 행동하는 사람도 많기 때문입니다. 특히 인사법이나 자기소개 등은 기업의 면접 방법 소개서에도 실려 있을 정도입니다.

단정한 복장과 예의 바른 인사는 상대에게 좋은 인상을 주지만 그것은 일시적인 연출에 불과할 수도 있습니다. 그럴 때 상대의 심리와 성격을 파악하기 위해 악수를 청하는 것도 좋은 방법일 것입니다.

그럼 이제 악수를 통해 상대의 성격을 알아보도록 합시다.

·상대의 손을 힘껏 잡는다

적극적이고 자신감이 넘치는 정력적인 행동파 타입입니다. 호기심이 강하고 도전 정신도 왕성하며 인간관계도 원만해서 이런 부류의 사람이 상사로 있다면 의지할 수 있는 사람일 것입니다. 그러나 사업상으로는 신뢰를 얻기 쉬운 반면 성격이 급하고 막무가내인 것이 결점이라고 할 수 있습니다. 연애를 할 때에도 마음에 드는 사람이 있으면 적극적으로 접근하는 타입입니다.

·상대의 손을 살짝 잡는다

내성적이고 소극적인 성격으로 부정적인 사고방식 때문에 모처럼 기회가 와도 놓쳐 버릴 때가 많은 타입입니다. '어차피 난 안 돼'라는 생각에 무기력해지기 쉽고 그 때문에 더 더욱 자신감을 잃어버리게 되는 것입니다. 타인에게 속내를 드러내지 않고 늘 자신의 틀 안에 갇혀 있어서 신뢰를 얻으려면 오랜 시간이 걸립니다.

· 상대의 눈을 물끄러미 응시하며 악수한다

상대보다 우위에 서고 싶어하는 사람으로서 경쟁에 집착하고 지는 것을 싫어하는 타입입니다.

· 상대의 눈을 보지 않고 살짝 손을 잡는다

낯가림이 심하고 내성적인 타입입니다.

· 소개도 하지 않았는데 처음 만난 사람과 아무렇지도 않게 인사를 하며 악수한다

언뜻 싹싹하고 사교적인 인상을 주지만 과시하고자 하는 욕구가 강하고 눈에 띄기 좋아하는 타입입니다. 매사가 자신을 중심으로 돌아가지 않으면 직성이 풀리지 않는 성격이므로 이런 타입을 생각대로 움직이려면 칭찬을 해서 자존심을 만족시켜 주는 것이 제일 좋습니다.

· 머뭇거리며 상대의 손을 잡는다

소극적이고 낯가림이 심하며 경계심이 강한 타입입니다.

· 손이 땀에 젖어 있다

긴장을 하면 땀을 흘리는 것과 마찬가지로 악수를 할 때 손이 땀에 젖어 있는 것은 심리 상태가 불안정하고 부담에 약한 타입이기 때문입니다.

· 악수에는 응하지 않고 가볍게 목례만 한다

언제나 자신의 방식만을 고수하는 조금 완고한 성격으로 선입 관이나 고정관념이 강하고 변화에는 적응하지 못하는 타입입니다.

3장

말투로 알아보는 심리

말버릇에도 성격이 드러나 있다

두 남성이 호텔 로비에서 다음과 같은 대화를 나누고 있습니다.

M : 말하자면 그렇게 된 겁니다. 부디 받아주시기 바랍니다.

N : 갑작스러운 일이라 아무 준비도 못했습니다만 받아들이도록 하죠.

M : 그건 그렇고 어제 일 말인데요, 말하자면 마이너스가 된다는 말씀이시죠?

N : 그때는 마이너스라고 했습니다만 잘 생각해 보니 꼭 그렇게 단정 지을 수만은 없을 것 같군요.

M : 말하자면 플러스라는 말씀이군요.

N : 당신은 플러스라고 결론을 내린 것 같습니다만 이것 역시 좀 이상한 것 같군요.

M : 말하자면 이번 일은 성공이라는 거죠?

N : 그렇습니다만…….

M 씨는 '말하자면'이 N 씨는 '~습니다만'이 말버릇인 모양
입니다.

자, 당신은 이 두 사람의 말버릇을 어떻게 생각하십니까.

**■본인도 자각하지 못하는 말버릇을 통해 상대의 마음을 읽
는다**

본인도 거의 자각하지 못하는 말버릇 속에는 인간의 무의식과
심리가 숨어 있습니다.

이야기를 시작할 때나 끝낼 때 자주 쓰는 한마디를 통해 상대

의 성격과 약점까지도 읽을 수 있는 것입니다. 과연 인간의 말버릇에는 어떤 심리가 숨어 있는 것일까요.

· '그건 그렇고', '그러고 보니'

'그건 그렇고', '그러고 보니'라며 자주 화제를 바꾸는 사람은 호기심이 강해서 다방면에 관심을 보이는 타입입니다. 한 가지 일에 매달리지 않는 발상이 풍부한 사람이지만 쉽게 질리고 집중력이 없어서 무슨 일이든 오래가지는 못합니다. 그러나 생각의 전환이 빠른 만큼 상식이나 고정관념에 얽매이지 않아서 자유로운 발상을 할 수 있다는 장점도 있습니다.

· '어차피'

매사에 비관적이며 소극적인 성격의 소유자입니다. '어차피 난 안 돼', '어차피 뭘 하든 똑같아' 등 말투도 늘 부정적이며, 노력도 하지 않고 행동하기 전에 미리 포기하는 타입입니다.

· '과연'

주로 상대의 의견에 동의할 때 쓰는 말로, 맞장구를 치거나 고개를 끄덕이며 '과연'이라고 하는 것은 상대의 말을 진심으로 이해하고 있다는 증거입니다. 그렇지 않으면 단순한 인사치레로 이 말을 두 번 이상 되풀이하는 것은 실제로 상대의 말을 이해하지 못하고 있다는 뜻입니다.

· '즉'

토론을 할 때 '즉, 당신의 말은…'이라며 결론을 정리하는 의미로 사용되는 말입니다. 이런 말버릇을 가진 사람 중에는 완벽주의자나 설교하기 좋아하는 사람, 또는 남을 가르치려 드는 사람이 많습니다. 또 결론을 몇 번이나 되풀이하는 사람은 끈질긴 성격이거나 상대를 불신하는 사람이기도 합니다. 자신의 말이 과연 정확하게 전달되고 있는 것일까 하는 불안 때문에 말이 장황해지기도 합니다. 무슨 일이든 남에게 맡기지 못하고 혼자 떠맡는 타입으로 한번 말을 시작하면 좀처럼 끝낼 줄을 모르고 설교하기를 좋아하는 사람이 많습니다.

· **'그러니까'**

'그러니까 그게 아니라니까', '그러니까 내가 하고 싶은 말은…' 등 주로 반론을 할 때 사용되는 말이며 똑같은 설명을 되풀이하는 데 지쳤다는 증거이기도 합니다. 또 이 말에는 상대의 반론을 막으려는 의도도 숨어 있습니다. 지배하고자 하는 욕구가 강하고 지기 싫어하는 타입으로 상대가 상사라 해도 자신의 생각을 관철시키려고 하며 조금 막무가내인 것이 특징입니다.

· **'내가 그랬잖아'**

'그러게 내가 뭐랬어. 내 말을 듣지 않아서 이렇게 된 거야'라는 의미로 사용되는 말인데, 이런 말버릇을 지닌 사람 중에는 끈질긴 사람이 많습니다. 자신의 생각을 끝까지 관철시키는 성격으로 성실하고 책임감이 있어서 신뢰할 수는 있지만 완고하고 끈질긴 데다 융통성이 없는 타입이기도 합니다. '그러게 ~라고 몇 번이나 말했어'라는 말버릇도 고집이 세고 생색을 내는 듯한 인상을 주므로 주의하는 것이 좋습니다.

· '그건 그렇지만'

상대의 말을 인정하면서도 조심스럽게 반론을 펼치고 있다는 인상을 주지만 그 뒷면에는 상대를 혼란시켜서 자신의 요구를 관철하려는 의도가 숨어 있는 것입니다.

· '일단', '어쨌든'

젊은 사람들이 많이 쓰는 '애매한 표현'의 일종으로 실패했을 때 추궁당하는 것을 피하기 위해 이런 애매한 표현을 사용하는 경우가 많다고 합니다.

· '그렇죠?'

보통은 친한 사이에 쓰는 말이지만 직장 상사나 그리 친하지 않은 사람에게 이런 말을 사용할 때에는 상대를 깔보고 자신에게 복종시키려는 의도가 숨어 있는 것입니다.

· '절대 …야', '다들 …야', '1○○퍼센트 …야'

이런 단정적인 말투는 자신만만해 보이지만 실은 자신의 주장에 불안을 느끼고 있는 증거라고 합니다. 이런 말버릇을 가진 사람은 권위에 약하고 착각이 심한 타입입니다.

· 전문 용어나 난해한 말을 유달리 많이 사용한다

교양있고 자신만만한 지성인이라는 인상을 주지만 오히려 그 반대입니다. 이런 사람 중에는 스스로에게 자신이 없는 사람이 많습니다. 자신이 없다는 것을 남에게 들키지 않으려고 일부러 어려운 말을 사용하는 것입니다. 또 이런 타입은 지성인으로 보이고 싶다는 욕구가 강하고 심한 열등감에 시달리고 있습니다. 말끝마다 전문서를 인용하는 사람도 이런 타입과 마찬가지로 자신의 의견이 없는 사람입니다.

·자기 얘기만 한다

시도 때도 없이 '나는…', '우리 집에서는…' 이라며 자신의 얘기를 꺼내는 사람은 눈에 띄기 좋아하고 자의식이 강하며 허영심이 많은 타입입니다. 자신이 대화의 중심이 되지 않으면 직성이 풀리지 않는 성격으로 남의 얘기는 아예 듣지도 않습니다. 이런 타입일수록 아부에 약하기 때문에 악덕 세일즈맨에게 속을 수도 있습니다.

·늘 자기 자랑을 한다

남의 얘기를 도중에 끊으면서까지 시종일관 자기 자랑을 하는 것도 자신감이 없다는 증거입니다. 사람들에게 잘 보이고 싶고 바보 취급당하고 싶지 않다는 생각 때문에 무심코 자기 자랑을 해버리는 것입니다. 특히 과거를 들먹이며 자기 자랑을 하는 것은 노화 현상의 일종이라고 합니다. 변화에 적응하지 못하는 현재의 자신에게 불만을 느끼고 있기 때문에 과거에 의존하려는 것입니다. 어느 쪽이든 자기 자랑은 열등감과 욕구 불만의 표출입니다.

·필요 이상으로 경어를 사용한다

예의 바른 사람 같지만 실은 경계심이 강하고 남을 믿지 않는 타입입니다. 특정 인물에게만 지나치게 정중한 말투로 이야기하는 사람은 상대에게 경의를 표하는 척하면서 은연중에 반감이나 증오를 드러내는 것일 수도 있습니다.

· **불평 불만이 많다**

간혹 회사나 상사에 대해 입버릇처럼 불평 불만을 늘어놓는 사람을 볼 수 있습니다. 친한 사람에게 무심코 불만을 털어놓는 것은 상대에게 마음을 허락하고 있다는 증거이지만 친하지 않은 사람에게도 입만 열면 불평 불만을 늘어놓는 사람은 부담스러운 것을 싫어하고 의존심이 많은 타입이라고 합니다.

■말을 맺을 때의 버릇에도 심층 심리가 숨어 있다

말을 맺을 때의 말버릇에도 그 사람의 심층 심리가 숨어 있습니다.

· **단정적으로 말한다**

'~가 틀림없습니다', '~가 당연합니다', '그것은 ~입니다', '~일 리가 없습니다' 등 긍정과 부정을 불문하고 단정적으로 말을 맺는 사람은 자신감이 지나치고 착각이 심한 타입입니다.

· **말을 맺을 때 바로 전에 한 말을 되풀이한다**

결벽증이 있는 완벽주의자 타입으로 자신의 말에 틀린 부분이 없는지 무의식적으로 되풀이하며 확인하는 것입니다. 이런 타입의 사람에게는 이기적이고 완고한 일면이 있다고 합니다.

· **말꼬리를 흐린다**

자신감이 없고 소극적이며 신경질적인 성격의 소유자입니다. 자신의 말에 틀린 부분은 없는지, 실수를 해서 비난받지는 않을지 항상 불안해하고 있는 것입니다. 이런 타입의 사람은 실수를 하면 남에게 책임을 전가하는 경향이 있다고 합니다.

· **말이 끝나기도 전에 다음 말을 꺼낸다**

자기중심적인 성격의 소유자로 상대에게 이야기의 주도권을 빼앗길까 봐 두려워하고 있는 것입니다.

앞에서 언급한 M 씨처럼 '말하자면'이라는 말버릇을 가진 사람은 표면적인 부드러움 뒤에 완고함을 숨기고 있는 경우가 많습니다. 그리고 소심해 보이지만 실은 배짱이 두둑한 면도 있습니다. 또 N 씨처럼 '합니다만'이라는 말버릇을 가진 사람 중에는 태도는 부드럽지만 내면은 매우 완고한 사람이 많다고 합니다.

이야기를 듣는 태도를 통해 알아보는 상대의 심리 상태

　어느 카페에서 이야기를 나누고 있는 사람들을 유심히 관찰해 봤습니다.

　테이블 A에는 두 남성이 마주 앉아서 이야기를 나누고 있습니다. 중년 남성은 의자에 깊숙이 기대어 앉아서 일방적으로 떠들어대고 있고 젊은 남성은 의자에 살짝 걸터앉아서 상대의 이야기에 귀를 기울이며 고개를 끄덕이고 있습니다.

　테이블 B에는 샐러리맨으로 보이는 두 중년 남성이 앉아 있습니다. 한 사람은 매우 요란한 옷차림에 손짓 발짓을 해가며 목청을 높여 떠들고 있고 다른 한 사람은 어깨를 삐딱하게 기울인 채 상대의 이야기를 듣고 있습니다.

　테이블 C에는 중년 여성 두 사람이 계약서인 듯한 종이를 테이블 위에 올려놓고 마주 앉아 있습니다. 한 사람은 상대의 반응을 무시하고 쉴 새 없이 떠들어대고 있고 다른 한 사람은 콧등을 만지작거리며 상체를 앞으로 내밀고 있습니다.

　자, 당신은 이 사람들을 어떻게 생각하십니까?

■인간이 자신의 이야기를 들어주는 사람에게 호감을 갖는 이유는?

대화가 잘 풀리지 않거나 상대가 자신의 이야기에 별 흥미가 없는 듯한 표정을 짓고 있으면 자신의 말솜씨에 문제가 있는 것은 아닌지 고민되게 마련입니다. 하지만 그 원인은 이야기의 내용에 있는 것이 아니라 상대의 심리를 파악하지 못했기 때문일 수도 있습니다.

앞에서 언급한 테이블 A의 중년 남성처럼 일방적으로 떠들어

대기만 한다면 듣는 사람이 지겨워하는 것은 당연한 일일 것입니다. 나를 이해해 달라며 자신의 이야기만 늘어놓는 것은 어리석은 행동입니다. 교제를 시작한 지 얼마 안 되는 연인 사이가 아닌 이상 남의 이야기를 몇 번이나 듣고 싶어하는 사람은 없기 때문입니다. 그래도 아랑곳없이 이야기를 계속하면 상대는 한숨을 쉬거나 다리를 바꿔 꼬거나 다른 사람에게 시선을 돌리는 등 불만스러운 태도를 취하게 됩니다.

또 대화를 재미있게 만들겠다고 쉴 새 없이 화제를 바꾸는 것은 오히려 역효과를 냅니다. 그보다는 인간이라면 누구나 갖고 있는 욕구에 눈을 돌려보는 게 어떨까요. 인간은 누구나 남의 이야기를 듣는 것보다 말하는 것을 좋아합니다. 그 욕구를 충족시켜 주면 상대는 만족하게 될 것입니다.

대화를 잘 이끌어 나가기 위해서는 상대의 이야기를 들어주는 것이 제일 좋은 방법입니다. '말을 잘하는 사람이란 남의 말을 잘 들어주는 사람'이라는 말도 있는 것처럼, 상대의 이야기에 귀를 기울이면 상대를 더욱 잘 이해할 수 있게 되고 그러면 상대도 당신을 이해해 주게 될 것입니다.

톱 세일즈맨은 화술이 뛰어난 사람이라고 생각하기 쉽지만 뛰어난 판매 실적을 자랑하는 사람들 중에는 오히려 남의 이야기를 잘 들어주는 사람이 많다고 합니다.

처음에는 거부감을 갖던 사람도 상대가 자신의 이야기를 열심히 들어주면 곧 태도를 바꾸게 됩니다. 그리고 오랫동안 이야기를 할수록 자신의 이야기에 열심히 귀를 기울여 주는 사람에게 관심과 호감을 갖게 되는 것입니다.

상대의 이야기에 귀를 기울여 주는 것은 대화를 잘 이끌어 나가기 위한 가장 좋은 방법입니다. 인간은 누구나 마음껏 이야기를 하면서 카타르시스(Catharsis)를 느끼기 때문입니다.

앞에서 예를 들었던 A~C의 심리는 다음과 같습니다.

〈테이블 A〉 젊은 남성은 상대의 이야기를 잘 듣고 신중하게 대응하려 하고 있는 중입니다. 의자에 살짝 걸터앉아 있는 것은 상대에게 공손함과 '나는 당신의 이야기에 흥미가 있다' 는 의미입니다. 중년 남성은 과시하고자 하는 욕구가 강하고 상대보다 심리적 우위에 있거나 우위에 서고 싶다는 욕구를 갖고 있는 상태입니다.

〈테이블 B〉 어깨를 삐딱하게 기울이고 있는 것은 상대의 이야기를 건성으로 흘려듣고 있다는 증거입니다. 요란한 옷차림으로 목청을 높여가며 이야기하고 있는 사람은 과시하고자 하는 욕구가 강하고 돈에 욕심이 많은 타입입니다.

〈테이블 C〉 상대의 반응을 무시하고 쉴 새 없이 이야기를 계속하는 것은 상대의 공격을 방어하기 위해서라고 합니다. 그리고 쉴 새 없이 떠들어대는 것은 상대의 입을 막는 행위이기도 합니다. 코를 만지작거리며 몸을 앞으로 숙이는 것은 '당신의 말이 의심스럽다' 는 표현입니다.

■고개를 끄덕인다고 해서 반드시 동의하는 것은 아니다

그 밖에도 상대의 이야기를 들을 때 취하는 동작을 통해 다음과 같은 심리를 알 수 있습니다.

· 고개를 끄덕이며 시선을 이리저리 움직인다

상대의 이야기를 지루해하고 있는 것입니다. 시선이 이리저리 움직이는 것은 건성으로 듣고 있다는 증거이며 상대의 이야기에 공감할 수 없다는 표현이기도 합니다.

· 필요 이상으로 요란하게 고개를 끄덕이거나 무턱대고 맞장구를 친다

무턱대고 고개를 끄덕이는 것은 이야기의 내용을 잘 모르고 있기 때문이라고 합니다.

· 때때로 상대의 말을 도중에 끊고, 고개를 끄덕이며 자신의 이야기를 한다

상대의 말에 반론을 제기하고 싶다는 표현입니다.

· 가끔씩 상대의 말을 작게 되풀이한다

상대의 말을 되풀이하는 것은 그 사람의 진심을 알고 싶다는 마음의 표현입니다.

· 눈도 깜빡이지 않고 상대를 물끄러미 응시한다

멍한 상태이거나 머리 속이 온통 다른 생각으로 가득 차 있는

상태입니다.

· **등을 꼿꼿하게 편 채 앉아 있다**

상대와 자신의 사이에 심리적인 방어벽을 만들고 있는 것입니다.

· **때때로 몸을 입구 쪽으로 향한다**

빨리 이야기를 끝내달라는 표현입니다.

· **시선을 피하거나 초조하게 손가락을 움직인다**

상대의 이야기에 질리기 시작했다는 증거입니다.

변명 속에 숨어 있는 심리

상사에게 업무상의 작은 실수를 들켰을 때 당신이라면 어떻게 행동하겠습니까?

A. 사과하고 해결법을 찾는다

B. 일단 실수는 인정하지만 일의 내용에 문제가 있다고 주장한다

C. 자신의 짓이 아니라고 시치미를 뗀다

D. 달리 할 일이 많다는 것을 넌지시 암시한다

■변명에만 급급한 것은 스스로에게 자신이 없다는 증거이다

인간에게는 불쾌한 일을 무의식적으로 잊어버리려고 하는 습성과 잘못을 했을 때에는 변명을 하려는 버릇이 있습니다. 자신의 단점이나 실수를 남에게 전가하거나 다른 사람도 마찬가지라

는 것을 강조함으로써 자존심을 지키려고 하는 것입니다. 이런 심리를 '방어 기제(Defence Mechanism)' 또는 '자아 방어 기제'라고 하는데, 실수를 저질렀을 때 무심코 숨겨진 심리가 드러나는 경우도 종종 있다고 합니다.

앞에서 언급한 예의 경우 가장 효과적인 대답은 A입니다. 실수를 저질렀을 때에는 이유를 불문하고 사과하는 편이 상대에게 가장 좋은 인상을 준다는 것은 심리학적 실험을 통해서도 증명된 사실입니다.

B~D는 모두 변명입니다. 실수를 저질렀을 때 변명에만 급급한 사람은 스스로에게 자신이 없고 남에게 책임을 전가하는 타입입니다. 또 겁이 많고 신경질적인데다 남의 눈을 지나치게 신경 쓰는 나머지 언제나 자신의 의사보다는 주위의 의견을 따르곤 합니다. '실수를 저지르면 바보 취급당하겠지? 하지만 다른 사람의 말에 따르면 만에 하나 실수를 저지른다 해도 나 혼자만 비난받지는 않을 거야'. 이렇게 생각하고 있는 것입니다.

변명이란 자신의 노력이나 실행하려는 의지가 부족함을 정당화하려는 행위에 불과합니다. 위기를 모면하기 위해 남에게 책임을 전가해 봤자 자신의 잘못을 인정하지 않으면 오히려 상대의 기분을 상하게 할 뿐입니다.

또 늘 부정적인 말투로 이야기하는 사람도 사람들에게 좋은 인상을 줄 수 없습니다. 본인이 무심코 내뱉는 한마디 한마디에

그 사람의 성격과 진의, 그리고 상대를 심리적으로 조작하려는
마음이 숨어 있기 때문입니다. 말투에 숨어 있는 성격과 심층 심
리에 대해 몇 가지 예를 들어보도록 하겠습니다.

· 늘 회사나 상사에 대한 불평 불만을 늘어놓는다

입만 열면 회사나 상사에 대한 불만과 험담을 늘어놓아서야
듣는 사람도 지긋지긋해지게 마련입니다. 험담이나 불만을 입에
달고 사는 사람은 수동적이고 어떠한 일이든 실행하려는 의지가
부족한 타입입니다. '회사를 그만두고 싶다' 고 매일같이 불평을
늘어놓으면서도 좀처럼 그만둘 기색도 없거니와 다른 직장을 알
아보는 것도 아닙니다. 그저 불평을 늘어놓음으로써 불만을 해

소하고 있는 것뿐입니다.

· '이렇게 될 줄 알았어'

조금 시간이 지난 일을 돌이켜 볼 때 사용하는 말로 '진작에 실패할 줄 알았다', '처음부터 이렇게 될 줄 알았다' 등 부정적인 의미를 내포하고 있는 경우가 많습니다.

실패의 원인을 반성하기 위해 말하는 것이라면 상관없지만 또 한편으론 '그럼 왜 그때 가르쳐 주지 않았어' 라고 되묻고 싶어지기도 합니다. 그 말의 밑바닥에는 '나는 진작에 결과를 알고 있었다. 그런데도 실패한 것은 상사가 무능하기 때문이다' 라는 책임 전가가 깔려 있습니다. 언제나 이런 식으로 말하는 사람은 변명에 급급한 타입으로 언젠가는 믿음을 잃고 중요한 일을 맡을 수 없게 될 것입니다.

· '그때 이렇게 했더라면…'

간혹 이미 지난 일을 돌이켜 보며 '아아, 그때 이렇게 했으면 좋았을 걸' 이라고 괴로워하는 사람이 있습니다. '좋은 기회였는데 거절하지 말 걸 그랬나 봐', '내가 좀 더 솔직했더라면 그녀와 헤어지지 않았을 텐데' 등 만약 자신이 다르게 행동했더라면 결과는 달라졌을 거라는 말을 하고 싶은 것입니다. 하지만 늘 이런 식으로 말하는 사람은 소극적이고 실행하려는 의지가 없어서 결국은 계속 운과 기회를 놓치게 될 것입니다.

· '…였다면', '…했더라면'

'좀 더 머리가 좋았다면…', '일류 대학을 나왔더라면', '다른 회사에 들어갔더라면…' 만약 그랬다 해도 늘 과거에 얽매여 있어서야 결과는 같지 않았을까요. 이런 타입은 결국 아무리 좋은 기회가 찾아와도 놓쳐 버릴 확률이 높다고 합니다.

· 매사에 부정적이고 비판적이다

"이번에 우리 과에 들어온 OO 씨 말야, 밝고 재미있는 사람인 것 같아."

"척 보기에도 넉살 좋고 뻔뻔스러워 보이더라."

"꼭 그렇지도 않아. 일 하나는 성실하게 잘해."

"그런 척하는 거야. 뒤에서 과장님한테 아부나 떨고 있을걸."

이렇게 무슨 말을 해도 부정적으로 대답하는 사람은 매사 남의 단점을 찾아서 비난하고 싶어하는 타입입니다. 이런 타입 중에는 자신감이 없고 현재 상태에 불만을 품고 있는 사람이 많다고 합니다.

· '나도 벌써 이런 나이가 됐구나', '이제 와서…'

간혹 입버릇처럼 '난 너무 나이가 많아', '이 나이에 그런 일을 할 수는 없어'라고 말하는 사람이 있습니다.

나이에 연연해서 자신의 가능성을 사장시켜 버리는 타입으로 이런 사람은 실제 나이보다 늙어 보이는 경우가 많습니다.

'하지만', '그렇지만'이라는 말을 자주 사용하는 사람이나 남의 단점을 찾기에 급급한 사람 또 입만 열면 험담을 늘어놓는 사람과 마찬가지로 이런 타입은 남에게 소극적이고 부정적인 사람이라는 좋지 못한 인상밖에 줄 수 없을 것입니다.

· **자주 혼잣말을 한다**

혼잣말이 많은 사람은 항상 긴장하고 있는 타입입니다. 인간은 내면의 긴장이 무의식적으로 드러날 때 혼잣말을 중얼거리는 경우가 많다고 합니다.

목소리를 통해 성격과 심리 상태를 파악한다

처음 만난 사람의 성격과 심리를 판단할 때 가장 크게 영향을 미치는 것은 다음 중 어느 것일까요?

A. 상대의 말

B. 상대의 얼굴

C. 상대의 목소리

■목소리는 매력의 중요한 요소

첫인상을 좌우하는 가장 중요한 요소는 외모입니다. 그리고 그 다음으로 중요한 것은 바로 목소리라고 합니다. 듣기 좋은 목소리는 사람들에게 호감을 주고 상대를 설득하기도 쉽게 만들어 준다는 것입니다.

목소리가 인간에게 미치는 영향은 상상 이상으로 크다고 합니다. 바디 랭귀지 연구의 일인자인 미국의 심리학자 A · 메라비언

(A · Mehrabian)은 말과 목소리와 얼굴이 첫인상에서 차지하는
비율을 다음과 같이 하나의 공식으로 만들었습니다.

첫인상=(언어)×0.07+(음성)×0.38+(얼굴)×0.55

이 공식을 보면 첫인상을 결정하는 요소 중에서 얼굴이 차지
하는 비율이 가장 크고 다음은 음성 그 다음은 말이라는 것을 알
수 있습니다.

외모가 가장 큰 비율을 차지하고 있는 것은 이해할 수 있지만
말투보다 목소리가 중요하다는 것은 의외라고 생각하는 사람이
많을지도 모릅니다. 하지만 인간은 자기도 모르게 목소리의 영
향을 받고 있는 것입니다.

듣기 좋고 편안한 목소리라는 표현이 있습니다.

광고 방송이나 다큐멘터리의 내레이션을 담당하고 있는 성우가 그 좋은 예일 것입니다. 그런 성우들은 보통 발음이 명료하면서도 부드럽게 흐르는 듯한 목소리를 지니고 있습니다.

TV에서 외화를 방영할 때에는 보통 성우들이 더빙을 하는데, 주연급 배우는 반드시 이미지에 맞는 목소리를 가진 성우가 담당한다고 합니다.

정의의 편으로 등장하는 미남 배우는 선량하고 성실한 느낌을 주는 목소리의 성우에게, 근육질의 용맹한 역은 굵고 힘있는 목소리의 성우에게, 지성적인 역은 지적인 목소리의 성우에게, 예쁜 여배우의 더빙은 섹시한 목소리의 성우에게 맡기는 편이 역할을 보다 매력적으로 보이게 만든다는 것은 말할 필요도 없을 것입니다.

안방 극장의 인기를 모았던 '형사 콜롬보'의 주인공 피터 포크의 목소리를 맡았던 성우가 세상을 떠났을 때 방송사 측에서 시청자의 기대와 콜롬보의 이미지가 무너지지 않도록 그와 비슷한 목소리의 성우를 찾았다는 것은 매우 유명한 일화입니다.

듣기 좋은 목소리가 있는 반면 귀에 거슬리는 목소리도 있습니다.

유난히 째지는 목소리나 금속을 긁는 듯한 목소리는 듣기만 해도 짜증이 나게 마련입니다.

아름답고 매력적인 외모에 반했다가 목소리를 듣고 실망한 경험은 없습니까? 아니면 외모는 평범하지만 노래를 잘하거나 목소리가 좋은 사람에게 매력을 느꼈던 적은 없습니까?

비록 평소에는 의식할 수 없어도 목소리가 지닌 영향력은 매우 큽니다. 또 목소리에는 그 사람의 성격과 심리 상태가 나타나 있다고 합니다.

· 목소리가 큰 사람

일반적으로 목소리가 큰 사람은 외향적이고 개방적인 성격의 소유자로서 자신만만하고 적극적인 행동파라고 합니다. 또 눈에 띄는 타입이기 때문에 과시하고자 하는 욕구가 강한 사람이라는 인상을 주기도 합니다. 이런 타입은 뭔가를 숨기는 것이 서툴어서 비밀을 무심코 말해 버리기 쉽습니다. 직장에서는 의지할 수 있는 상사일지도 모르지만 남에게 알리고 싶지 않은 비밀은 털어놓지 않는 편이 좋을 것입니다.

· 목소리가 작은 사람

목소리가 작은 사람은 두 가지 타입으로 나누어집니다.

첫 번째는 내성적인 타입입니다. 이런 타입은 소극적이고 자신감이 없어서 언제 어디서 누구와 이야기할 때도 목소리가 작고 말투가 분명하지 않은 것이 특징입니다.

두 번째는 상대와의 심리적인 거리를 좁히려고 일부러 작은 목소리로 이야기하는 경우입니다. 상대에게 다가가서 작은 목소리로 이야기하는 편이 더욱 친근감을 느끼게 해주기 때문입니다.

여성이 마음에 드는 남성 앞에서 한 옥타브 높은 목소리로 애교를 부리는 것은 귀엽게 보이고 싶기 때문입니다. 상사인 남성이 마음에 드는 여직원에게만 부드러운 목소리로 말하는 것도 상대의 호감을 얻고 싶다는 심리에서 비롯된 행동입니다.

또 상사에게는 얌전하고 성실한 목소리로 말하고, 부하 직원에게는 위압적인 목소리로 말하는 등 의식적으로 목소리를 바꾸는 사람이 있는데, 좋게 말하면 연출이 뛰어나고 나쁘게 말하면 일구이언을 하는 타입으로 남에게 그다지 좋은 인상은 줄 수 없을 것입니다.

참고로 어느 연구 보고에 의하면 높은 목소리보다는 낮은 목소리가 사람들에게 안도감을 준다고 합니다. 그중에서도 가장

설득력이 있는 것은 낮고 크고 리듬감있는 목소리로, 실제 그런 목소리를 지닌 사람 중에는 리더 타입이 많습니다.

연설을 할 때에도 크고 낮은 목소리로 리드미컬하고 확실하게 말하는 편이 효과적이라고 합니다. 높고 금속적인 목소리나 잘 알아들을 수 없을 만큼 작은 목소리로 말하면 사람들은 연설의 내용에 신경을 집중할 수 없습니다. 지나치게 부드럽고 듣기 좋은 목소리도 연인에게 달콤한 사랑을 속삭일 때에는 좋지만 연설에는 적합하지 못합니다. 모처럼 준비한 연설도 졸린 사람에게는 큰 효과를 발휘하지 못할 테니까요.

상대의 마음을 사로잡기 위해서는 큰 소리로 리드미컬하게 이야기하는 것이 좋습니다. 그러기 위해서는 먼저 자신의 목소리를 녹음해서 들어보고 특징을 파악해 둘 필요가 있습니다. 어느 조사에 의하면 녹음되어 있는 자신의 목소리와 타인의 목소리를 정확하게 구별할 수 있는 사람은 전체의 30% 정도라고 합니다.

즉, 자신의 목소리가 남의 귀에 어떻게 들리는지 모르고 있는 사람이 많다는 것입니다. 상대에게 호감을 주기 위해서는 어떤 목소리로 말하면 좋을지 몇 가지 패턴을 만들어서 상황에 맞춰 적절히 대응한다면 당신은 더욱 매력적인 사람이 될 것입니다.

말투를 통해 상대의 속마음을 알아본다

친구로 보이는 세 사람이 카페에서 이야기를 나누고 있습니
다. 세 사람의 말투에는 각각 다음과 같은 특징이 있습니다.

A. 단정적으로 말한다

B. 상대의 반응을 무시하고 쉴 새 없이 떠들어댄다

C. 목소리에 억양이 없다

자, 당신은 이 세 사람을 어떻게 생각하십니까?

■말투에는 그 사람의 성격이 드러나 있다

말투를 통해 다음과 같은 사실을 알 수 있습니다.

· **말의 템포가 평소보다 빠르다**

상대에게 약점이 잡혀 있거나 이야기의 내용에 거짓말이 섞여 있는 것입니다.

· **말의 템포가 평소보다 느리다**

상대에게 불만이나 적의를 품고 있는 것입니다.

· **단정적으로 말한다**

자신의 이야기에 매우 자신감을 갖고 있는 사람입니다.

· **작은 목소리로 이야기한다**

자신감이 없거나 여성적인 성격의 소유자입니다.

· **억양이 격하다**

과시하고자 하는 욕구가 강한 사람입니다.

· **상대의 말을 되풀이한다**

상대의 마음에 파고들어서 어떻게든 속마음을 알아내고자 하는 욕구가 잠재되어 있는 것입니다.

· **상대의 반응을 무시하고 쉴 새 없이 떠들어댄다**

상대의 공격을 방어하기 위한 것입니다.

· **상투적인 표현을 많이 쓴다**

융통성이 없는 타입입니다.

또 목소리의 상태는 그 사람의 정신적 성숙도와 상대와의 심리적 거리를 나타냅니다.

· **낮고 가라앉은 목소리로 말한다**

이런 사람 중에는 의외로 개방적이고 외향적인 성격의 사람이 많습니다.

· **목소리에 억양이 없다**

상대를 자신의 뜻대로 움직이고 싶어하는 타입입니다.

· **일방적으로 이야기한다**

과시하고자 하는 욕구가 강한 타입입니다.

· **갑자기 말이 빨라진다**

정신적으로 긴장해 있다는 증거입니다.

· **해설하는 듯한 말투로 이야기한다**

자신의 안전만을 중요시 여기는 타입입니다.

호칭에도 인간의 마음이 나타나 있다

평소 당신은 사람들에게 어떤 호칭으로 불리고 있습니까?

A. ~ 씨

B. ~ 짱(주 : 친한 사이끼리 부르는 일본식 호칭)

C. 성 또는 이름

D. 당신 또는 자네

■호칭으로 알 수 있는 친밀도

기혼 여성이 사람들에게 남편에 대한 이야기를 할 때에는 사람에 따라 그 호칭이 다르다고 합니다.

'우리 그이', '남편', 'OO 아빠' …….

호칭만 봐도 부부 간의 친밀도를 상상할 수 있지 않습니까? 이처럼 평소 사용하는 호칭에는 상대와의 심리적 거리가 나타나 있습니다.

요즘은 상사에게도 '~ 씨'라는 호칭을 사용하는 회사가 늘고 있다고 합니다. 또 본인의 앞에서는 '과장님', '계장님', '주임님' 등 공손한 호칭을 사용하지만 부하 직원들끼리는 '고질라', '돼지' 등 상사에게 별명을 붙여서 부르는 직장도 많을 것입니다. 아무리 꼴 보기 싫은 상사라도 동물이나 만화 캐릭터를 별명으로 붙이면 왠지 애교있고 친근하게 느껴지니 참 이상한 일입니다.

간혹 젊은 나이도 아닌데 동료들로부터 '~ 짱'이라고 불리는 사람이 있습니다. 이런 사람 중에는 왠지 친근감이 느껴지는 성격의 소유자가 많다고 합니다.

그런가 하면 오랫동안 같은 직장에 근무하고 있음에도 불구하고 모두 직함에 '님'을 붙여서 부르거나 회사 이외의 자리에서도 모두가 경어로 이야기를 하는 사람이 있습니다. 이런 사람 중에는 성실하고 예의 바르지만 왠지 거리감이 느껴지는 타입이 많습니다.

친해지면 친해질수록 말투도 허물없이 변해가게 마련입니다. 또 서로의 호칭도 '~ 씨'에서 '~ 짱'이나 애칭으로 변하는 경우가 많습니다.

예를 들어 어느 가게에 처음 찾아갔을 때에는 보통 '손님'이라는 호칭으로 불립니다. 그러다 가게가 마음에 들어 계속 드나들다 보면 이윽고 점원도 얼굴을 알아보고 이름을 기억해 주게 됩니다. '손님'이라는 호칭보다는 'OO 씨'라는 호칭이 더욱 친근하게 느껴지지 않습니까? 이렇게 계속 심리적 거리를 좁혀가다 보면 대화를 할 때에도 자연스럽게 사적인 얘기를 많이 하게 되고 그럼으로써 친밀도는 더욱 높아지는 것입니다.

그럼 이제부터 호칭을 통해 상대와의 친밀도를 알아보도록 할까요.

• '∼ 씨'

한쪽은 '∼ 씨', '∼ 군' 다른 한쪽은 '과장님', '부장님' 등 직함으로 부르는 경우는 직장의 상하 관계를 포함한 형식적인 관계입니다. 상사가 부하 직원을 부를 때의 호칭은 친밀도가 높아짐에 따라 '∼ 씨'에서 '자네'로 바뀌어가게 됩니다.

동료 혹은 동등한 입장에서 교제하고 있는데도 서로를 '∼ 씨'라고 부르는 것은 상대와의 사이에 심리적인 거리를 두고 있다는 증거입니다.

• '∼ 짱'

상당히 친한 사이라고 할 수 있습니다. 남성이 친한 여성을 부를 때 'OO 짱' 등 이름 뒤에 '짱'을 붙이는 경우가 많은데, 여성이 남성을 이런 호칭으로 부른다면 상당한 친근감을 느끼고 있는 것입니다.

• 성으로 부른다

친근감을 갖고 있다는 증거입니다. 예전에는 주로 남성이 친구를 부를 때 사용하던 호칭이었지만 요즘은 여자들끼리나 여성과 남성 간에도 이런 호칭을 사용하는 경우가 드물지 않다고 합니다. 그만큼 친근감을 나타내는 호칭이기도 한데, 실은 여성의 경우 정말로 좋아하는 사람은 오히려 성에 '씨'를 붙여서 부르는 사람도 있다고 합니다.

· **이름으로 부른다**

처음에는 '~ 씨'라고 부르다가 친해지면 '~ 짱'으로 변했다가 더욱 친해지면 이런 호칭으로 바뀌는 경우가 많다고 합니다.

간혹 만난 지 얼마 되지도 않았는데 육체 관계를 갖자마자 상대를 이름으로 부르고 말투도 지나치게 허물없이 변하는 남성이 있는데, 좋게 말하자면 친근감을 갖고 있다는 증거이고 나쁘게 말하자면 '이젠 내 여자다'라며 상대를 소유물로 여기고 있는 것입니다.

· **'당신' 또는 '자네'**

학원이나 강연회 등에서 수강자는 강사의 이름을 알고 있기 때문에 '~ 선생님'이라고 부를 수 있지만 강사는 수강자의 얼굴조차 모르는 경우가 대부분이므로 '거기 자네', '그쪽'이라는 호칭을 사용하는 경우가 많습니다.

그러나 상대의 이름을 기억하기 전이라면 몰라도 친해진 후에도 이런 호칭을 사용하는 것은 일정한 심리적 거리를 두려는 마음의 표현입니다. 서로의 영역에 침범하는 것을 싫어하는 '너는 너, 나는 나' 타입이라 할 수 있습니다.

· 이름을 부르지 않고 '그쪽'이라는 지시어를 사용한다

간혹 오랜 세월 함께 살아온 아내를 이렇게 부르는 남성이 있는데 이런 타입은 부끄러움을 많이 타고 감정 표현이 서툰 사람입니다.

그 밖에도 남에게 가족에 대한 이야기를 할 때 '우리 남편이', '큰애가'가 아닌 '○○아빠가', '누나가' 등 가족 간에 사용하는 호칭을 그대로 사용하는 사람은 가정을 소중히 여기는 가정적인 타입이라고 합니다. 이처럼 호칭에는 상대와의 심리적 거리가 반영되어 있습니다. 친해지고 싶은 사람이 있으면 호칭을 자연스럽게 바꿔보는 것도 좋은 방법일 것입니다. 호칭을 바꾸면 서로 간의 심리적 거리가 좁혀져서 친밀도도 높아질지 모르니까요.

■친해지고 싶을 때는 호칭을 바꿔보라

· 상대를 직함이 아닌 이름으로 부른다
상대와 친밀한 관계를 유지하고 싶어하는 것입니다.
· 이야기를 나누는 동안에만 상대를 이름으로 부른다
상대와의 심리적인 거리를 좁히고 싶다거나 친해지고 싶다는 마음의 표현입니다.
· 성에서 이름으로 호칭을 바꾼다
상대와의 친밀도를 한 단계 높이고 싶다는 마음의 표현입니다.

· 자신보다 우위에 서 있는 사람을 '당신', '~ 씨'라는 호칭으로 부른다

상대와 심리적으로 대등한 위치에 서고 싶어하는 것입니다.

· 상대를 '너'라고 부른다

보다 친밀한 동료 관계가 되고 싶다는 잠재적 욕구의 표현입니다.

대인 관계를 통해 살아보는 상대의 심리

몇몇 사람과 함께 의논을 하던 중 의견 차이가 생겼습니다.
이럴 때 당신의 행동은 다음 중 어느 것에 가깝습니까?

A. 먼저 상대의 의견을 들어본 후 순순히 따른다

B. 자신의 의견을 먼저 말하거나 자신의 취향을 중시한다

C. 자신만만한 말투로 반대 의견이나 상대의 잘못된 부분을
지적한다

D. 상대에게 미움받고 싶지 않다는 마음에 내키지 않아도 할
수 없이 동조한다

■대인 관계에서 볼 수 있는 네 가지 타입

인간에게는 두 가지 표정이 있습니다. 하나는 얼굴에 나타나
는 표정, 그리고 또 하나는 말투에 나타나는 표정입니다.

아무리 위대한 공적을 쌓은 사람이라 해도 또는 전 세계에 수

많은 팬들을 거느린 슈퍼스타라 해도, 인간인 이상 타인의 평가에는 신경이 쓰이게 마련입니다. 남에게 잘 보이고 싶고 좋은 평가를 얻고 싶다는 마음은 인간이라면 누구나 갖고 있는 법이기 때문입니다. 그래서 사람들은 남에게 조금이라도 잘 보이기 위해 애써 자신을 꾸미는 것입니다. 그러나 지나치게 자신을 꾸미다 보면 생각지도 못한 실수를 저질러서 오히려 역효과를 낳는 경우도 있습니다.

인간은 복잡한 동물입니다. 또 저마다 다른 얼굴만큼이나 성격이나 사고방식도 각양각색 천차만별입니다. 어느 정도까지 자신을 꾸미고 어느 정도까지 자신을 드러내 보이면 좋을지 몰라 늘 골머리를 앓고 있는 사람도 많을 것입니다.

원만한 인간관계를 유지하기 위해서는 평소 자신의 행동이 다른 사람들의 눈에 어떻게 비치는지 파악해 둘 필요가 있습니다.

다음의 네 가지 예를 참고 삼아 당신과 상대의 성격을 파악하고 단점을 고치도록 노력해 보세요.

· A를 선택한 남성

일반적으로 눈에 띄지 않는 성실한 노력가 타입으로 이렇다 할 단점이 없는 대신 재미없는 사람이라는 인상을 주기 쉽습니다. 감정을 좀처럼 드러내지 않아서 무슨 생각을 하고 있는지 파악하기 어렵고, 연애를 해도 흐지부지 끝나 버릴 가능성이 높습니다. 상대보다 먼저 의견을 말하는 등 대담한 행동을 하거나 화려한 의상을 입어보는 것은 어떨까요. 그런 당신에게 매력을 느끼는 사람이 나타날지도 모릅니다.

· A를 선택한 여성

주체성보다는 윤리를 중시하는 타입입니다. 항상 'OO 해서는 안 된다', 'OO 하면 멸시당하지는 않을까' 라는 자기 규제와 불안에 얽매여 있어서 결국 상대의 의견을 따르게 되는 것입니다.

언제나 소극적으로 행동하다가는 내성적이고 눈에 띄지 않는 사람이라는 낙인이 찍히거나 모처럼 좋은 기회가 찾아와도 어영부영 놓쳐 버리게 될 것입니다. 때로는 스스로도 당황할 만큼 대담하게 행동해 보는 것은 어떨까요. 주위의 반응이 변하는 것은 물론 당신의 그런 행동에 매력을 느끼는 사람도 나타나게 될 것입니다.

· B를 선택한 남성

'듬직하다', '의지할 수 있다' 는 이유로 여성들에게 호감을

주는 타입입니다. 또 자신만만하고 리더 기질이 있어서 직장에서도 부하 직원들의 두터운 신뢰를 얻고 있을 것입니다.

반면 이런 타입은 지나치게 강경한 태도 때문에 독선에 빠지기 쉽고 자기 만족과 상대의 감정 사이에 틈이 벌어져도 좀처럼 눈치 채지 못하는 단점이 있습니다. 주위의 말에 귀를 기울이고 자신의 의견과 행동을 객관적으로 돌아보지 않으면 '독불장군'이라는 평판을 얻게 될지도 모릅니다.

· B를 선택한 여성

자신만만하고 유능한 타입으로 주체성이 강하고 무슨 일에도 타협을 허락하지 않는 성격의 소유자입니다. 하지만 때로는 고집을 꺾고 남의 말에 귀를 기울이지 않으면 주위의 반감을 살 수도 있다는 사실을 명심해야 할 것입니다.

자신의 주장을 관철하기 위해서는 의견 차이가 감정 싸움으로 번지기 전에 상대의 마음을 헤아려 볼 필요도 있습니다.

여행을 떠나서 자연을 즐기거나 코미디 영화를 보는 등 자신에게 맞는 방법으로 휴식을 취하는 것도 좋은 방법일 것입니다.

· C를 선택한 남성

자존심이 강하고 모든 일이 자신의 생각대로 되지 않으면 직성이 풀리지 않는 타입입니다. '내가 좋아하니까 상대도 좋아할 것이다' 라고 혼자 착각하는 경향이 있으며 마음속에 상대를 지배하고 싶다는 욕구를 지니고 있습니다. 좋고 싫음이 분명하고 마음에 들지 않는 사람을 배척하는 경향이 있어서 주위의 반감을 사거나 충돌할 때가 많습니다.

·C를 선택한 여성

이기적이고 자존심이 강한 타입으로 자존심 때문에 자신의 마음을 숨기거나 제멋대로 행동해서 주위의 오해나 반감을 사기 쉽습니다. 모든 남성이 여성이라는 이유만으로 무조건 용서해 주지는 않는다는 것과 자신에게 불쾌한 행동은 다른 사람에게도 불쾌한 행동이라는 것을 깨달아야 할 것입니다.

·D를 선택한 남성

이른바 '착한 사람' 타입으로 남에게 미움받는 것이 두려워 부탁을 받으면 거절하지 못하고 결국 모든 일을 어중간하게 처리해 버리는 경우가 많습니다. 자칫하면 만만한 사람으로 찍힐 가능성도 있으니 주의하는 것이 좋습니다. 자신의 의사를 분명히 표시하고 무리한 부탁은 거절하지 않으면 편리한 '예스맨'으로 전락하게 될 것입니다.

·D를 선택한 여성

악의는 없지만 가벼운 바람둥이로 보이는 타입입니다. 남에게 상처 주기 싫어하는 것은 자신이 상처받는 것이 두렵기 때문이며 그 때문에게 누구에게나 상냥해서 종종 오해를 받기도 합니다. 아무 관심도 없는 남성이 자신을 좋아한다고 착각해서 접근해 오거나 정말 좋아하는 사람에게는 '노는 여자'로 오해받아서 멸시당하는 경우도 있습니다.

말투로 간파하는 긍정적, 부정적 경향

사무원으로 보이는 두 여성이 전철 안에서 대화를 나누고 있습니다.

A : 얼마 전 우리 부서에 들어온 N 씨 말야, 얘기해 보니까 제법 재미있는 사람이더라.

B : 재미있을지는 모르지만 XX 지점에서 좌천되어 온 사람이잖니. 일은 잘 못한다던대?

A : 총무부의 O 씨는 일도 잘하고 농담도 잘하던데."

B : 하지만 그 사람은 자기밖에 모른대. 그 부서는 한가하니까 진짜로 유능한지 어떤지 알게 뭐야.

상대(또는 당신)는 상사에 대해 어떤 식으로 이야기하고 있습니까?

■낙천주의자가 인생에 이득을 본다!?

두 사람의 대화를 살펴보면 B의 말은 부정적인 뉘앙스가 강하다는 것을 알 수 있을 것입니다. A가 아무리 열심히 대화를 이끌어가려고 노력해 봤자 이렇게 부정적인 대답만 해서야 대화를 즐길 수 없습니다. 게다가 '하지만', '그렇지만' 이라는 말을 자주 사용하는 사람은 소극적이고 부정적인 사람이라는 좋지 않은 인상을 주게 마련입니다.

영국의 극작가 버너드 쇼(Benard Shaw)는 '비관주의자와 낙관주의자는 어떻게 다른가' 라는 질문에 테이블 위에 놓여 있는 위스키 병을 가리키며 이렇게 대답했다고 합니다.

"'아아, 이제 반밖에 남지 않았구나' 라고 한탄하는 사람은 비관주의자이고 '오, 아직 반이나 남았구나' 라고 기뻐하는 사람은낙관주의자입니다."

이 세상에 완벽한 사람은 없습니다. 많든 적든 다들 단점을 지니고 있습니다. 그렇다면 단점에만 눈을 돌리는 것보다는 상대의 좋은 점을 찾아서 본받으려는 긍정적인 사고방식이 인생을 보다 즐겁게 해주지 않을까요? 물론 장점만을 보는 것은 어려운 일입니다. 하지만 '입은 험하지만 근본은 착한 사람', '강압적일 때도 있지만 어려울 때는 상담에 응해주는 사람' 등 이런 식으로 단점과 장점을 동시에 찾아서 긍정적인 이미지로 바꿀 수는 있을 것입니다.

가끔은 장점 따윈 찾아보고 싶지 않을 만큼 꼴 보기 싫은 사람도 있습니다. 그럴 때는 그 사람의 어디가 어떻게 싫은지 자신의 마음을 객관적으로 분석해 볼 필요가 있습니다.

예를 들어 '모두 떠받들어 준다고 하늘 높은 줄 모르고 잘난 척하는 사람을 보면 울화가 치밀어 오른다' 는 사람이 있는데, 사실 그 사람의 마음속에는 모두에게 주목받고 싶다는 욕구가 잠재되어 있을지도 모릅니다. 원하는 것을 갖고 있는 사람에 대한 질투가 혐오라는 감정으로 변하여 표출되었던 것입니다.

하지만 이렇게 생각해 보는 것은 어떨까요? 모두가 떠받들어 주는 사람 역시 누군가를 질투하고 있을지도 모른다고 말입니다. '결국은 똑같은 인간' 이라고 생각하면 그 사람을 보는 눈도 달라지게 되고 스스로도 깨닫지 못했던 자신의 다른 면을 발견하게 될 것입니다.

남의 단점보다는 장점을 찾으려 노력하는 사람은 상대로부터도 호감을 얻게 되는 경우가 많다고 합니다. 이것을 '호의의 반보성' 이라고 하며 반대로 자신을 싫어하거나 좋지 않게 생각하는 사람에게 혐오감을 품게 되는 효과를 '혐오의 반보성' 이라고 합니다. 즉, 당신이 상대를 좋아하면 상대도 당신을 좋아하게 된다는 것입니다. 호의가 인간의 마음에 커다란 영향을 끼친다는 것은 심리학적으로도 증명된 사실입니다.

이런 효과를 평소 대인 관계에 활용해 보는 것은 어떨까요.

문장의 순서로 알아보는 효과적인 설득법

세일즈맨인 A와 B는 고객을 설득할 때 다음과 같이 서로 대조적인 방법을 취한다고 합니다.

A. 먼저 이런저런 잡담을 한 후 결론을 말한다
B. 먼저 결론을 말한 후 이유를 설명한다

두 사람 중 누구의 방법이 더 효과적이라고 생각하십니까?

■결론이 먼저인가 설명이 먼저인가

끝까지 듣지 않으면 결론을 알 수 없는 언어들이 있습니다. 이런 언어들은 의견을 말하거나 사정을 설명할 때 긍정형과 부정형이 문장의 맨 마지막에 옵니다. 또 서론을 말한 후 차츰 본론으로 들어가는 경우가 많고 결론까지 도달하는 데 오랜 시간이 걸리기 때문에 듣는 사람에게는 인내가 필요합니다. 게다가 형식적인 연설일수록 서론이 길고 지루해서 결혼식의 주례사나 개회식의 연설을 들을 때에는 끝없이 이어지는 서론에 지칠 때도 많습니다.

앞에서 언급한 A 씨처럼 먼저 중요하지 않은 말로 분위기를 띄운 후 본론에 들어가는 방법을 '클라이맥스(Climax) 법'이라고 합니다. 이런 방법을 즐겨 사용하는 사람 중에는 형식에 집착하고 끈질긴 성격의 소유자가 많은데, 그중에서도 목소리가 작고 말투가 조심스러운 사람은 상대의 반응을 살피며 이야기를 진행시켜 나가는 신중파이거나 스스로에게 자신이 없는 사람이라고 합니다.

반대로 먼저 결론을 말하는 것을 '안티클라이맥스(Anticlimax)' 법이라고 하며 이런 방법을 즐겨 사용하는 사람 중에는 이론적이고 합리적인 사고방식의 소유자가 많습니다. 이런 타입은 무의미한 대화를 싫어해서 자신이 하고 싶은 말을 언제나 빠르고 정확하게 전달하곤 합니다.

어느 방법이 효과적인지는 어떤 사람을 설득하느냐에 따라 다릅니다.

일반적으로 '클라이맥스 법'을 즐겨 사용하는 사람은 남의 이야기를 들을 때에도 이런 식으로 말하는 것을 좋아한다고 합니다. 반대로 '안티클라이맥스 법'을 즐겨 사용하는 사람은 서론이 길어지면 짜증을 낼지도 모릅니다. 또 상대의 흥미와 관심에 따라서도 효과적인 방법은 달라집니다. 상대가 이야기의 내용에 흥

미와 관심을 갖고 있을 경우에는 '클라이맥스 법'이 효과적이고
그렇지 않을 경우에는 '안티클라이맥스 법'이 효과적이라고 합
니다.

4장

패션으로 알아보는 심리

옷차림으로 알아보는 상대의 성격

한 백화점의 신사복 매장에 근무하는 점원의 말에 따르면 요 10년간 중년층 남성 고객으로부터 받는 질문의 내용이 변화하고 있다고 합니다. 옛날에는 '양복을 찾고 있는데 적당히 골라주세요' 라는 식으로 점원에게 일임하는 경우가 많았는데, 요즘에는 좋아하는 디자인과 색깔을 구체적으로 설명한 뒤 그런 양복은 없냐고 묻는다는 것입니다.

여성과 젊은 남성이 점점 세련되게 변해가는 바람에 촌스러운 옷을 입고 있으면 시대에 뒤처지는 것 같아서 불안해지는 것일까요. 요즘 백화점 바겐세일 기간에는 젊은이들뿐만 아니라 30~40대 남성도 적잖게 몰려온다고 합니다.

그럼 유행을 좇는 심리는 과연 어떤 것일까요?

■ 인간이 유행을 좇는 데는 이유가 있다

인간에게는 타인과 똑같은 행동을 취함으로써 안도감을 느끼는 습성이 있습니다. 이것을 '동조 심리' 라고 하는데 이 때문에 사람들은 주위의 사람들과 비슷한 복장을 선택하게 되는 것입니다.

유행을 좇는 또 하나의 이유는 다른 사람보다 조금이나마 시대를 앞서 나가고 있다는 만족감과 다른 사람과 차별화되기를 원하는 '차별화의 욕구' 때문입니다.

유행을 좇는 사람은 다음 네 가지 타입으로 분류됩니다.

① 유행의 최첨단을 걷는 타입

예능 계열이나 패션 업계 또는 창작업에 종사하고 있는 사람으로 전 인구의 5%를 차지하고 있습니다.

② '유행하고 있다' 는 정보를 듣자마자 달려가는 타입

조금이라도 빨리 구입해서 자신은 남들과 다르다는 것을 과시하고 싶어하는 이른바 눈에 띄기 좋아하는 타입입니다. 전 인구의 20%를 차지하고 있으며 대부분이 보통의 여사무원과 샐러리맨, 그리고 학생들이 이 부류에 해당됩니다.

③ 1, 2년이 지난 후에야 유행을 받아들이는 타입

가장 많은 비율인 60%를 차지하고 있습니다.

④ 유행에 좌우되지 않는 자기만족형 타입

전 인구의 15%를 차지하고 있습니다.

정보의 홍수로 인해 사람들의 가치관이 다양해지고 있는 현대

에는 대중에게 호소하는 것보다 소수파의 지지를 중시하는 경향
이 있습니다. 젊은 층의 패션만 봐도 스타일에 따라 개성을 연출
하는 방법이 다르다고 합니다.

옷차림을 잘 살펴보면 남녀 간에도 심리적으로 공통되는 부분
을 발견할 수 있습니다.

사이가 좋은 커플은 패션 취향도 비슷해서, 거리를 오가는
커플들을 관찰해 보면 화려한 사람은 화려한 사람끼리 수수한
사람은 수수한 사람끼리 함께 있는 경우가 많습니다. 또 처음
에는 취향이 전혀 달랐다 해도 시간이 지나면 한쪽이 다른 한
쪽에 맞추게 되는 경우가 많다고 합니다. 상대와 비슷한 옷차
림을 하고 있으면 심리적인 '상호 일치' 현상이 일어나기 때
문입니다.

만약 당신이 이성과 교제 중이라면 두 사람의 옷차림을 떠올
려 보세요. 옷차림을 통해 두 사람의 궁합과 관계를 알 수 있을
것입니다.

· **처음 만났을 때부터 비슷한 옷차림이었다**
궁합은 좋지만 비슷한 감각을 지니고 있는 만큼 충돌하는 경
우도 있을지 모릅니다.

· **상대가 당신의 옷차림에 맞추게 되었다**
당신이 심리적으로 우위에 서 있는 상태입니다

· **당신이 상대의 옷차림에 맞추게 되었다**

상대가 주도권을 쥐고 있는 것입니다.

· **두 사람 다 제각각**

자신의 취향을 바꾸면서까지 상대에게 맞추려고 하지 않는 것은 이미 라이프 스타일이 확립되어 있다는 증거입니다. 상대의 영역을 침범하지 않는 대신 자신도 간섭을 거부하는 냉정한 관계지만 의외로 이런 커플이 오래간다고 합니다.

■옷차림을 보면 그 사람을 알 수 있다?!

그 밖에도 패션에는 그 사람의 심층 심리가 나타나 있다고 합니다.

이제부터 몇 가지 예를 들어보도록 하죠.

· **누군가를 만날 때마다 패션 취향이 바뀐다**

정서가 불안하고 현실 도피 경향이 강한 타입입니다.

· **유행에 민감하다**

체제 순응형 타입입니다. 스스로에게 자신이 없기 때문에 그것을 감추려 하고 있는 것입니다.

· **유행에 무관심하다**

개성은 강하지만 콤플렉스를 갖고 있는 경우가 많고 협력심도 부족한 타입입니다.

· **패션 취향이 극단적으로 요란하다**

과시하고자 하는 욕구가 강하고 돈을 밝히며 히스테릭
(Hysteric)한 성격의 소유자입니다.

· **요란한 원색 넥타이를 선호한다**

자아가 강한 타입입니다.

· **수수한 옷을 즐겨 입는다**

좋게 말하자면 체제 순응형이고 나쁘게 말하자면 주체성이 부
족한 타입입니다.

· **세간의 상식과 반대되는 옷을 즐겨 입는다**

우월감에 빠져 있는 타입입니다.

· **자신의 사이즈보다 큰 옷을 입는다**

과시하고자 하는 욕구가 강한 타입입니다.

· **자신의 스타일과는 관계없이 무조건 유행을 좇는다**

고독에 시달리고 있으며 정서도 불안정한 타입입니다.

취미로 알아보는 상대의 사교성

상대(또는 당신)의 취미는 무엇입니까?

A. 스포츠

B. 독서, 음악, 영화 감상

C. 창작

D. 우표, 골동품 등의 수집

E. 오디오나 컴퓨터 개조 등 기계와 관련된 것

■취미를 통해 외향적인지 내향적인지를 알 수 있다

세상에는 성인이 되고 난 후에 처음으로 취미를 갖게 됐다는 사람이 의외로 많습니다. 이런 경우는 대체로 어렸을 때 좋아했던 것이나 특기였던 것들이 취미로 이어진 것은 아닐까요. 한마디로 취미에는 그 사람의 가장 자연스러운 욕구와 가치관이 투영되어 있습니다.

골프, 테니스, 스키, 수영, 야구, 노래방, 캠프, 낚시, 요리, 경마, 사진 촬영, 음악 감상, 그림 그리기, 영화 감상 등, 취미는 사람에 따라 각각 다르고 그 종류도 매우 다양하지만 크게 분류하면 다음 여섯 가지로 나누어집니다.

① 스포츠계 : 야구, 골프, 테니스, 스키, 다이빙 등
② 문예계 : 독서, 그림, 음악 감상, 영화 감상, 시 짓기 등
③ 이공계 : 오디오나 컴퓨터 조작·개조, 기계 조립 등
④ 갬블계 : 슬롯, 경마, 마작, 경륜 등
⑤ 콜렉터계 : 우표, 동전, 그림 등의 수집, 전문지나 완구 수집 등
⑥ 게임계 : TV 게임, 컴퓨터 게임 등

이렇다 할 취미가 없는 사람은 평소 즐겨 하는 일이 무엇인지 떠올려 보세요. TV를 본다, 친구와 수다를 떤다, 술을 마신다, 맛있는 음식을 먹는다, 노래방에 가거나 춤을 춘다 등 매우 다양할 것입니다.

취미는 혼자 즐길 수 있는 것과 동료가 없으면 즐길 수 없는 것 두 종류로 크게 나누어집니다.

예를 들면 독서나 음악 감상은 혼자 즐길 수 있는 취미이고 야구나 축구 등 대부분의 스포츠계는 동료가 없으면 즐길 수 없는 취미입니다.

이런 식으로 분류해 나가다 보면 자신의 경향을 알 수 있게 될

것입니다.

취미에는 그 사람의 성격이 반영되어 있습니다. 또 혼자 즐길 수 있는 취미가 많은 사람은 내향적인 요소가 강하고 동료를 필요로 하는 취미가 많은 사람은 외향적인 요소가 강하다고 합니다.

인간의 성격을 외향적인 성격과 내향적인 성격으로 분류한 사람은 스위스의 심리학자 칼 융(Carl Jung)으로 각 성격의 특징은 다음과 같습니다.

· 외향적

명랑하고 활발하며 타인과 함께 있는 것을 좋아합니다. 처음 만난 사람과도 곧 허물없이 말을 트며, 개방적이고 누구와도 쉽게 친해지므로 친구도 많습니다. 일을 실행하는 능력이 탁월하

고 결단을 내림에 있어 주저함이 없습니다. 또한 순응을 잘하며 남을 돌봐주기를 좋아하는 면도 가지고 있습니다.

· **내향적**

소극적이고 눈에 띄지 않으며 조용한 것을 좋아합니다. 희로애락을 좀처럼 드러내지 않으며 폐쇄적이고 타인에게 마음을 열지 않습니다. 많은 사람들과 함께 있는 것보다는 혼자 있는 것을 좋아합니다. 친해지기 어렵고 자신의 틀 안에 갇혀 있는 듯한 인상을 줍니다.

각 취미를 통해 다음과 같은 성격의 경향을 알 수 있습니다.

① 스포츠계

야구나 축구 등 팀 플레이를 필요로 하는 스포츠를 좋아하는 사람은 사교적이고 활발하며 시원시원한 성격의 소유자입니다. 대인 관계를 중시하고 인간관계도 원만한 편으로 팀워크가 필요한 일이 적성에 맞습니다.

같은 스포츠계라도 스키 같은 개인 경기를 좋아하는 사람은 팀워크보다는 개인적인 성취감을 위해 노력하는 타입입니다. 또 스카이다이빙이나 등산을 좋아하는 사람은 모험심과 도전 정신이 강하고 자연을 사랑하는 낭만주의자이기도 합니다.

② 문예계

독서나 그림을 좋아하는 사람은 내면의 세계를 중시하고 감수성이 풍부한 타입입니다. 독서를 할 때에도 문장을 읽으며 머리

속으로 그 장면을 상상하기 때문에 좌뇌보다는 우뇌가 발달되어 있습니다. 창작 활동은 직감과 관련되어 있기 때문에 이런 취미를 가진 사람 중에는 눈치가 빠른 사람이 많다고 합니다.

③ 이공계

오디오나 컴퓨터 등 기계 만지는 것을 좋아하는 사람 또한 내향적인 타입입니다. 이런 타입 중에는 탐구심이 강하고 논리적인 사고의 소유자가 많다고 합니다.

④ 갬블계

외향적과 내향적 그 어느 쪽도 아닙니다. 또 고생하지 않고 부자가 되고 싶은 타입부터 스릴을 만끽하는 것을 좋아하는 타입까지 다양한 타입이 있습니다.

⑤ 콜렉터계

· 우표나 동전 또는 옛날에 유행했던 완구 등의 수집

대부분 남성의 경우이고 회고주의자가 많으며 과거의 추억을 소중히 여기는 타입입니다. 그러나 그 때문인지 시대의 변화에 적응하는 능력이 떨어지기도 합니다.

· 그림이나 골동품 등의 수집

자신의 방에 마음에 드는 물건을 장식하는 등 미를 추구하고 독자적인 세계에 대한 동경이 강한 타입입니다.

모델 건(Gun) 마니아나 프로 레슬링 마니아는 강한 것에 대해 열등감을 지니고 있는 타입입니다. '남자는 강해야 한다'는 고정관념에 사로잡혀 있어서 현실의 '강하지 않은 자신'에 대한 불만을 취미를 통해 해소하고 있는 것입니다.

⑥ 게임계

게임은 이미 젊은 세대에 깊숙이 침투되어 있는 놀이 문화로, 먹고 자는 것조차 잊고 게임에 열중하는 사람은 집중력이 뛰어난 반면 끈질긴 성격의 소유자라고 합니다.

그 밖에도 취미를 통해 다음과 같은 사실을 알 수 있습니다.

·지나치게 취미에 열중한다

직장이나 가정에 문제가 있는 사람입니다. 이런 식으로 어떠한 문제가 생겼을 때 다른 일에 몰두함으로써 고민이나 불만을 해소하는 것을 '대상 행동' 이라고 합니다.

·혼자 즐기는 취미가 많다

현실 도피형 타입입니다.

·여러 사람과 같이 해야 하는 취미가 많다

정서적으로 불안정한 타입입니다.

·스포츠를 좋아한다

정서적으로도 안정되어 있고 정신적으로도 균형이 잡혀 있는 타입입니다.

·특정한 취미에 거부 반응을 보인다

과거의 체험이나 콤플렉스 때문에 거부 반응을 보이는 것입니다.

신발로 알 수 있는 인간의 성숙도

당신이 즐겨 신는 신발은 다음 중 어느 것에 가깝습니까?

A. 오래된 싸구려 신발

B. 비싸지만 마음에 드는 신발

C. 끈이 달린 가죽 구두

D. 끈은 없지만 지퍼가 달려 있는 부츠형 신발

■발은 눈에 띄지 않는다고 소홀히 여겨서는 안 된다

'그 사람을 알려면 먼저 신발을 봐라' 라는 말이 있습니다.

좋은 첫인상을 주기 위해 옷차림에 신경을 쓰는 사람은 많지만 눈에 잘 띄지 않는 발은 소홀하게 생각하는 경우가 많기 때문입니다. 또 구두의 가격이나 종류, 굽이 닳아 있는 형태를 통해서도 그 사람의 성격을 판단할 수 있다고 합니다.

상대의 얼굴이나 양복 색깔은 기억해도 어떤 구두를 신고 있었는지는 잊어버리는 사람이 많습니다. 말하자면 옷뿐만 아니라 구두도 잘 손질되어 있는 사람은 정말로 예의 바른 사람인 것입니다.

그와는 반대로 아무리 비싼 양복을 입고 고급 시계를 차고 있어도 더러운 싸구려 신발을 신고 있다면 그것은 허세에 불과합니다.

허세를 부리는 사람은 심한 열등감을 갖고 있으며 그것을 들키지 않으려고 화려한 브랜드 제품을 선호하는 것입니다. 하지만 이런 타입은 아무리 옷에 돈을 쏟아 부어봤자 구두까지는 신경이 미치지 않기 때문에 결국은 가짜임이 들통나게 마련입니다.

A. 오래된 싸구려 신발

패션에도 관심없고 오래 신어서 익숙한 신발만 선호하는 사람은 무슨 일이든 대충 해치우고 사소한 일에는 신경 쓰지 않는 타입입니다. 또 이런 타입은 적당주의에 빠져 있어서 일도 대충 하는 경우가 많습니다. 부하 직원들이야 편하겠지만 허점이 많고 실수가 잦아 직장에서 크게 성공할 수는 없을 것입니다.

B. 비싸지만 마음에 드는 신발

구두에 돈을 아끼지 않는 사람은 경제적으로 여유가 있고 세련된 사람입니다. 마음에 드는 신발을 몇 켤레나 갖고 있는 데다가 모두 정성껏 손질하고 있는 사람은 양복이나 넥타이, 양말이나 소품까지도 세련되고 고급스러운 제품을 선호합니다. 또 일을 할 때에도 빈틈이 없는 타입입니다.

C. 끈이 달린 가죽 구두

신을 때도 불편하고 걸을 때에도 자꾸만 끈이 풀리는 등 익숙해지기 전에는 꽤나 귀찮은 타입이지만, 단정하게 끈을 맨 잘 닦여 있는 구두는 깔끔하고 성숙한 느낌을 주게 마련입니다. 이런 타입의 신발을 즐겨 신는 사람은 무슨 일이든 대충 넘겨 버리거나 하지 않습니다. 또 빈틈없고 정확한 일 처리로 상사의 신뢰를 받으며 착실하게 실력을 쌓아 나갑니다. 또 세부적인 면에도 눈을 돌려서 중장기적인 안목으로 계획을 세우는 것이 특징입니다.

D. 끈은 없지만 지퍼가 달려 있는 부츠형 신발

끈을 묶는 것이 귀찮아서 편하게 신을 수 있는 신발을 선호하는 사람은 합리적인 것 같지만 실제로는 성격이 급한 타입입니다. 이런 타입은 결과를 서두른 나머지 중요한 사실을 간과해서 실패하는 경우가 종종 있다고 합니다.

끈이 달려 있는 구두를 선호하는 타입과는 정반대로 계획성이 없고 사소한 일에는 신경을 쓰지 않는 성격입니다. 일단 저지르고 보자는 사고방식의 소유자로서 적성에 맞는 일은 영업 쪽일 입니다. 실수를 저지를 때도 많지만 근본적으로 낙천적인 성격이라 실패를 질질 끌지 않고 곧 잊어버립니다. 입버릇은 '어떻게든 되겠지'이며, 남을 잘 챙겨주는 면도 있어 따르는 부하 직원이나 후배들이 많습니다.

■구두 굽이 닳아 있는 형태로 성격을 알 수 있다

인간의 몸은 좌우의 균형이 잡혀 있는 것처럼 보이지만 실은
어느 한쪽으로 기울어져 있다고 합니다.

앉을 때 다리를 꼬는 버릇이 있는 사람은 아마 등골의 방향이
미묘하게 변해 있을 것입니다. 또 팔자로 걷는 버릇이 있는 사람
은 습관적으로 한쪽 다리에 중심이 쏠려 있을 것입니다.

구두 굽에도 그런 특징이 잘 나타나 있습니다.

·구두 굽의 바깥쪽이 닳아 있는 사람

이른바 O자형 다리를 지닌 사람으로 개방적이고 숨기는 것이
서툰 타입입니다. 비밀을 털어놓은 후 아무에게도 말하지 말라
고 신신당부해도 본인은 까맣게 잊어버리고 '뭐? 그거 말하면 안
되는 거였어?' 라고 말하기 일쑤입니다. 개방적이고 사소한 일은
신경 쓰지 않는 성격 때문에 자신의 비밀조차 무심코 털어놓을
정도입니다. 뭐든 마음에 쌓아두지 않으므로 적당히 거리를 유
지하면 사귀기 쉬운 타입입니다.

·구두 굽의 안쪽이 닳아 있는 사람

O자형 다리를 지닌 사람과는 정반대로 내향적이고 소극적이
며 조금 폐쇄적인 인상을 주는 타입입니다. 앉을 때에도 여성처
럼 무릎을 가지런히 붙이고 앉으며 목소리도 작고 잘 들리지 않

습니다.

표면적으로는 사교적인 사람도 있지만 이런 타입은 타인과의 사이에 벽을 만들고 속내를 보여주지 않습니다. 또 O자형 다리를 지닌 사람이 지나치게 외향적이고 개방적인 데 비해 이 타입은 지나치게 내향적이고 숨기지 않아도 될 것까지 숨기려고 합니다.

일 처리는 꼼꼼하고 성실해서 나름대로 좋은 평가를 얻을 수 있지만 일과 사생활의 경계가 뚜렷해서 술자리나 모임을 거절하는 경우가 많기 때문에 '특이한 사람'이라는 인상을 주기 쉽습니다. 일반적으로 내향적인 사람은 일정한 거리를 두고 사람들을 대하는 경우가 많은데 그렇다고 특별히 상대를 싫어하거나 좋지 않게 생각하는 것은 아닙니다. 그저 타인이 자신의 영역에 침범하는 게 싫은 것일 뿐입니다.

· 구두 굽의 안쪽과 바깥쪽이 골고루 닳아 있는 사람

다리는 물론 정신적으로도 균형이 잡혀 있는 타입입니다. 이 타입은 일과 사생활을 모두 중시하고 인간적으로도 성숙해서 사람들과도 잘 어울려 지냅니다. 참고로 이러한 균형 감각은 유능한 사업가의 필수 조건이라고 합니다.

가방으로 살아보는 여성의 심리

당신이 애용하는 가방은 다음 중 어느 것에 가깝습니까?

A. 비교적 작은 핸드백

B. 커다란 숄더 백

C. 끈이 달리지 않은 세컨드 백

D. 소형 백

E. 브랜드 제품이라면 뭐든지 좋다

F. 특정 브랜드의 제품을 애용하고 있다

■가방은 여성의 마음을 말해 준다?

옷차림뿐만 아니라 소품에도 그 사람의 성격과 개성이 반영되어 있습니다. 가방은 그중에서도 여성들의 관심이 가장 높은 소품 중 하나인데, 좋아하는 가방 또는 평소 애용하고 있는 가방에는 그 여성의 성격과 욕구가 나타나 있다고 합니다.

A. 비교적 작은 핸드백

여자다운 패션을 좋아하는 사람으로 유행에도 민감한 타입입니다. 이런 타입은 남성의 리드를 원하기 때문에 의지할 수 있는 사람을 좋아합니다. 또 세련된 사람일수록 과시하고자 하는 욕구가 강하고 이기적인 면이 있으며 남의 눈을 의식해서 함께 있는 남성의 외모나 복장에도 신경을 쓰곤 합니다. 애교있고 귀여운 것이 장점이지만 유행에 민감한 만큼 바람기가 많다는 단점도 가지고 있습니다.

B. 커다란 숄더 백

주머니처럼 큰 백을 선호하는 여성은 시원시원한 성격의 현실주의자입니다. 또 쾌활하고 활동적이며 솔직하고 숨김없는 사고방식의 소유자로 사소한 일에는 신경 쓰지 않는 타입이기도 합니다. 이런 타입은 좋아하는 남성이 생겨도 상대에게 맞추지 않고 자신의 개성을 중시합니다. 또 유능하고 일을 좋아해서 남성의 입장에서는 '좀 더 여자다우면 좋을 텐데' 라는 불만을 품기 쉽지만 힘든 일이 생겼을 때에 의지가 되는 타입입니다.

등에 메는 백을 애용하는 여성도 숄더 백을 선호하는 여성과 비슷한 타입이라고 합니다.

C. 끈이 달리지 않은 세컨드 백

기능보다는 모양을 중시하는 타입으로 남성을 선택할 때도 내면보다 외면을 중시하는 경향이 있습니다. 또 요조숙녀 타입으로 보이기를 원해 남자 친구가 있어도 마음에 드는 남성 앞에서는 태연하게 내숭을 떨곤 합니다. 한때 남성용 세컨드 백이 유행한 적이 있는데 이런 가방을 선호하는 남성 또한 외모를 중시하는 타입입니다. 이런 타입의 남성은 섹시한 여성이나 미인을 데리고 다니며 과시하고 싶어하는 경향이 있습니다. 여기에 화려한 양복과 선글라스, 그리고 고급 시계에 외제 차까지 갖추고 있다면 과시하고자 하는 욕구가 상당히 강한 사람이라고 봐도 좋을 것입니다.

D. 소형 백

젊은 여성이 여행용으로 선호하는 타입인데, 30세가 넘어서도 이런 타입의 가방을 애용하는 사람은 젊게 보이고 싶어하는 사람입니다. 나이를 먹는 것에 공포감을 느끼고 있어서 필사적으로 젊은 사람처럼 꾸미고 다니는 것입니다.

E. 브랜드 제품이라면 뭐든지 좋다

브랜드 제품에 집착하는 사람은 남녀를 불문하고 체면을 중시하는 허영심이 강한 타입입니다. 여성이 남성을 선택할 때에도 '고학력, 고수입, 미남'이라는 높은 조건을 내거는 사람이 많고 남성이 여성을 선택할 때에도 외모와 스타일을 중시한다고 합니다. 상대의 내면보다는 무조건 외모에 집착하는 타입으로 그 이유는 함께 있는 자신의 평가를 신경 쓰기 때문입니다.

가방은 프라다, 양복은 아르마니, 시계는 로렉스, 차는 벤츠 등 무턱대고 브랜드 제품에 집착하는 사람은 옷이나 차를 과시하며 얼마나 비싼 물건인지 자랑하고 싶어합니다.

또 일류 호텔에서 고급 요리를 먹거나 유명 스타와 아는 사이라는 자랑도 자주 늘어놓곤 합니다. 상대가 누가 됐든 자신의 이야기를 듣고 '굉장하다', '부럽다'고 말해 주면 그걸로 만족하는 것입니다. 브랜드 제품을 선호하는 것도 사람들에게 찬사를 받고 싶기 때문인데, 이런 타입 중에는 은근히 심한 열등감에 시달리고 있는 사람도 있다고 합니다.

인간은 누구나 남에게 존경받고 싶다는 욕구를 갖고 있습니다. 이런 욕구를 '승인 욕구'라고 하는데, 실력있는 사람이나 유복한 가정에서 자란 사람은 자연스레 부러움과 존경을 받게 되므로 '승인 욕구'가 충족되어서 굳이 자기 자랑을 할 필요도 없습니다.

한편 '승인 욕구'가 매우 강함에도 불구하고 충족되지 못한 사람은 남에게 존경받기 위해 시종일관 자기 자랑을 늘어놓게 됩니다. 즉, 열등감을 숨기기 위해 자랑을 하거나 브랜드 제품에 집착하는 것입니다.

참고로 유행하는 브랜드 제품을 구입하는 것은 '동조 심리' 때문이기도 합니다.

TV나 잡지에서 '지금 이 제품이 유행하고 있다', '모두 이 제품을 갖고 있다'라는 정보가 흘러나오면 '나도 갖고 있지 않으면 소외당한다', '시대에 뒤떨어진다'라는 생각에 같은 물건을 구입하게 되는 것입니다.

여기에는 다른 사람과 다르고 싶다는 심리도 작용하고 있습니다. 이것을 '차별화 욕구'라고 하는데, 다른 사람들보다 조금이나마 시대를 앞서 가고 있다는 만족감을 얻고 싶은 것입니다. 좋게 말하자면 유행에 민감하고 협조를 잘하는 타입이고 나쁘게 말하자면 남의 눈에 신경 쓰고 주위에 휩쓸리기 쉬운 타입입니다.

F. 특정 브랜드의 제품을 애용하고 있다

'색이나 모양이 마음에 든다', '소재가 튼튼해서 오래간다' 등의 이유로 특정 브랜드의 제품을 애용하고 있는 사람은 취향과 기능을 중시하는 타입입니다. 이런 타입은 집착이 강하고 한 가지 물건이 마음에 들면 계속해서 사용하곤 합니다. 연애를 할 때에도 좋아하는 사람이 생기면 다른 사람에게 한눈팔지 않고 오랫동안 교제하는 타입입니다.

그 밖에도 선물 받은 가방이나 바겐세일 때에 산 가방을 애용하는 여성은 멋 부리기에는 관심이 없는 성격으로, 그만큼 남성에게 품고 있는 기대도 낮고 멋대로 굴지 않기 때문에 편하게 교제할 수 있는 타입입니다.

안경으로 살아보는 상대의 심층 심리

당신은 평소 안경을 쓰고 있습니까?
쓰고 있다면 다음 중 어떤 타입의 안경에 가깝습니까.

A. 금테나 은테 안경
B. 검은 테 안경
C. 뿔 테 안경
D. 도수 없는 안경
E. 도수 없는 선글라스

■안경으로 얼굴을 숨기려고 해도…

안경테의 형태나 소재에도 그 사람의 심층 심리가 숨어 있습니다.

안경은 얼굴의 중심에 위치합니다. 그 때문에 안경은 얼굴의 인상을 바꿔주는 중요한 역할을 하기도 합니다.

안경을 쓰는 이유는 물론 시력이 나쁘기 때문입니다. 하지만 왠지 안경을 쓰고 있으면 공부를 너무 열심히 해서 시력이 나빠졌나 보다 하는 인상을 줄 때가 많습니다.

안경에는 다양한 종류가 있으며 테의 색이나 모양에 따라 안경이 주는 인상도 달라집니다. 안경 점에는 다양한 디자인의 안경테가 진열되어 있는데 테를 선택할 때에는 얼굴형과 형태가 비슷한 안경은 피하는 것이 무난하다고 합니다.

예를 들어 얼굴형이 동그란 사람이 동그란 안경을 쓰면 동그란 얼굴형이 강조되어 얼빠진 인상을 주게 됩니다. 얼굴이 네모난 사람이 네모난 안경을 쓰면 더욱 각져 보이고 갸름한 사람이 뾰족한 안경을 쓰면 더욱 뾰족하고 차가운 인상을 주게 될 것입니다.

참고로 얼굴형에 따른 인상은 다음과 같습니다.

· 동그란 얼굴

부드럽고 친근한 인상을 줍니다. 밝고 사교적이며 싸움을 싫어하는 온화한 느낌을 주지만 눈, 코, 입의 생김새에 따라서는 사람 좋고 조금은 얼빠져 보이는 경우도 있습니다.

· 사각형 얼굴

듬직한 인상을 주는 반면 완고하고 융통성없는 재미없는 사람으로 보이기도 합니다.

· 역삼각형 얼굴

지적이고 냉정하며 신경질적이라는 인상을 줍니다.

　얼굴형이 지닌 단점을 커버하기 위해서는 얼굴과 상반된 형태의 안경을 선택하는 것이 좋습니다.

　예를 들어 얼굴이 갸름한 사람은 동그란 안경으로 친근감과 부드러움을, 반대로 얼굴이 둥근 사람은 각진 안경으로 샤프함을 보충해 줄 수 있을 것입니다.

　하지만 얼굴형과 완전히 상반된 안경테는 존재하지 않기 때문에 이것을 기준으로 안경테를 선택한다 해도 모양이나 소재를 통해 그 사람의 취향이 나타나게 됩니다.

A. 금테나 은테 안경

가장 흔한 타입으로 남녀 모두 지적이고 성실한 이미지를 줍니다.

즉, 금속 테를 좋아하는 사람은 지적 콤플렉스를 지니고 있으며 지적이고 냉정하게 보이고 싶다는 바람을 지니고 있는 것입니다.

B. 검은 테 안경

딱딱하고 고지식한 인상을 줍니다. 그만큼 이런 타입의 안경이 어울리는 여성은 둥글고 지적인 얼굴에 세련된 사람이 많습니다. 개성적이고 과시하고자 하는 욕구가 강한 타입으로 요즘에는 금속 테가 흔한 만큼 남들과 다르게 보이고 싶다는 마음의 표현이기도 합니다.

C. 뿔 테 안경

세련되고 지적인 인상을 줍니다. 뿔 테는 가격이 비싸서 옛날에는 경제적으로 풍족하지 않으면 살 수 없는 물건이었다고 합니다. 고급스러워 보이기 때문에 경제적으로 여유가 있는 사람 또는 여유가 있는 것처럼 보이고 싶어하는 사람이 즐겨 찾는 타입입니다. 또 지식 계급을 동경하는 사람일수록 뿔 테를 선호하는 경향이 있다고 합니다.

D. 도수 없는 안경

변신 욕구의 표출로 또 다른 자신을 연출하기 위한 것입니다.

E. 도수 없는 선글라스

　도수 없는 선글라스 또한 변신 욕구를 충족시키기 위한 것입니다. 또 선글라스를 쓰면 표정을 읽기도 어려워집니다. 한여름도 아닌데 늘 선글라스를 벗지 않는 것은 자신의 감정을 들키고 싶지 않다는 심리의 표현입니다. 또는 얼굴이나 눈가에 콤플렉스가 있어서일 수도 있고 좋아하는 뮤지션이나 배우처럼 되고 싶어서 선글라스를 쓰는 것일 수도 있습니다. 어찌 됐든 이런 타입은 경계심이 강하고 열등감을 지니고 있는 경우가 많습니다. 겁이 많고 소심해서 선글라스로 눈을 가리고 있는 것입니다.

잠잘 때의 자세로 알아보는 성격

당신이 가장 편하게 잠들 수 있는 자세는 다음 중 어느 것입니까?

A. 천장을 향해 눕는다
B. 옆으로 눕는다
C. 엎드려 눕는다

■무방비하기에 더 더욱 심리가 드러난다

인간은 잠들기 전에는 물론 잠들어 있을 때에도 여러 가지 자세를 취하곤 합니다. 대자로 눕기도 하고 옆으로 돌아눕기도 하며 무릎을 굽히고 새우처럼 몸을 웅크리기도 합니다.

이처럼 인간은 잠을 자는 동안 몇 번이나 몸을 뒤척이고 자세를 바꾸는데, 그중에서 가장 많이 취하는 자세가 그 사람의 성격과 심리 상태를 반영하는 것이라고 합니다.

참고로 미국의 정신 분석의 학자 사뮤엘 던켈(Samuel Dunkel)의 연구에 의하면 수면 중의 자세(Sleep Position)는 크게 다음 여섯 가지로 나뉘어진다고 합니다.

① 태아형 : 자궁 속의 태아처럼 몸을 웅크리고 자는 스타일입니다.

② 반태아형 : 옆으로 누워서 무릎을 조금 구부리고 자는 스타일로 태아형의 변형이라고 할 수 있습니다. 오른손잡이는 오른쪽으로 누워서 자고 왼손잡이는 왼쪽으로 누워서 자는 경우가 많다고 합니다.

③ 대(大)자형 : 천장을 향해 누워서 양팔과 양다리를 커다랗게 벌리고 자는 스타일입니다.

④ 엎드려서 자는 형 : 얼굴을 옆으로 향하고 엎드려서 자는 스타일입니다.

⑤ 사슬에 묶인 죄인형 : 발목을 교차하고 옆으로 누워서 자는 스타일입니다.

⑥ 스핑크스형 : 등을 둥글게 웅크리고 자는 스타일입니다. 마치 무릎을 꿇고 있는 것처럼 보이기도 합니다.

이 여섯 가지 스타일에 나타나는 성격의 특징을 던켈 박사는 다음과 같이 분석했습니다.

① 태아형

내향적이며 의존성이 강한 타입으로 자신의 틀 속에 갇혀서 타인에게 좀처럼 속마음을 보여주지 않습니다. 경계심이 강해서 남에게 먼저 마음을 열지는 않지만 근본적으로는 외로움을 많이 타는 성격입니다. 언제나 누군가에게 보호받고 싶다는 바람을 지니고 있으며 부모님이나 형제 등 어렸을 때부터 자신을 보호해 준 사람에게 의존하는 경향이 있습니다. 남성의 경우 마마보이일 가능성도 있습니다.

② 반태아형

안정된 성격의 소유자로 문제나 충돌이 생겨도 당황하지 않고 냉정하게 판단해서 처리해 나가는 타입입니다.

③ 대(大) 자형

남녀 모두 호쾌하고 개방적인 성격으로 어렸을 때 부모님의 애정을 듬뿍 받고 자라서 자신만만하고 행동도 적극적입니다.

또 이런 타입은 실패하거나 곤경에 빠져도 끙끙 앓지 않고 빠르게 털고 일어납니다. 꾸밈없는 성격인데다 어떤 사람과도 쉽게 친해지기 때문에 인기도 많고 인간관계로 고생하는 일도 없을 것입니다.

④ 엎드려서 자는 형

엎드리지 않으면 잠이 오지 않는다는 사람은 세심하고 꼼꼼하지만 조금 신경질적인 타입입니다. 특히 두 팔을 벌리고 침대를 점령하는 듯한 포즈로 자는 사람은 모든 일을 자신이 중심이 되어 처리하지 않으면 직성이 풀리지 않는 성격입니다. 독점하고자 하는 욕구가 강하고 막무가내인 면도 있어서 따돌림을 당할 우려도 있습니다. 지나친 참견은 미움을 받는 원인이 되기도 하므로 남의 문제에는 너무 나서지 않는 편이 좋을 것입니다.

⑤ 사슬에 묶인 죄인형

뭔가 심각한 고민을 안고 있을 때 이런 포즈로 자는 사람이 많다고 합니다. 발목을 교차하는 것은 정신적인 불안을 반영하는 자세입니다. 일이 잘 풀리지 않거나 개인적인 문제로 고민하고 있는 등 뭔가 문제에 빠져서 해결 수단을 찾지 못하고 있음을 상징하기도 합니다.

⑥ 스핑크스형

어린아이에게서 흔히 볼 수 있는 자세입니다. 어른이 되어서도 자주 이런 자세로 자는 사람은 깊이 잠들 수 없거나 불면증일 경우가 많다고 합니다. 반면 이 자세는 수면을 거부하는 자세이기도 합니다. 자야 한다고 생각하면서도 빨리 아침이 되어 밝은 낮의 세계로 돌아가기를 바라고 있는 것입니다.

좋아하는 냄새로 알아보는 심층 심리

당신이 좋아하는 향기는 다음 중 어떤 것입니까?

A. 향수 향기

B. 꽃 향기

C. 허브나 포플러 향기

D. 비누 냄새

E. 바다 냄새

F. 대지와 수목의 냄새

■좋아하는 냄새에 숨어 있는 심리

옛날에는 향수란 여성이 뿌리는 것이라는 고정관념이 있었지만 남성용 화장품까지 등장하기 시작한 요즘에는 향수나 샤워 코롱을 사용하는 남성도 늘고 있습니다. 그만큼 향기에 민감한 사람이 많아진 것입니다.

향기는 냄새를 유발하는 물체가 후각이라는 감각을 자극함으로써 발생하는 것입니다.

좋은 냄새, 불쾌한 냄새, 식욕을 돋우는 냄새, 계절의 냄새, 그리운 냄새, 위험을 느끼게 하는 냄새, 남성을 유혹하는 냄새 등 냄새를 유발하는 물체는 40만 또는 50만 종류라고 일컬어지고 있을 만큼 무수히 많고 '냄새', '향기' 등 표현 또한 다양합니다.

냄새는 주관적, 정서적, 본능적인 것이며 그 사람의 연령이나 습관, 성격, 건강 상태, 과거의 체험에 따라 취향이 달라집니다. 어떤 사람에게는 '좋은 냄새' 이지만 또 어떤 사람에게는 '불쾌한 냄새' 로 느껴질 수도 있고 그 냄새를 전혀 느끼지 못하는 사람도 있을 것입니다.

좋아하는 냄새에도 그 사람의 성격과 심층 심리가 잠재되어 있습니다.

■냄새는 과거의 체험에 영향을 받는다

인간이 처음으로 체험하는 냄새는 어머니의 냄새입니다. 갓난아이는 태내에 있을 때부터 어머니의 냄새와 심장 소리, 그리고 혈액이 흐르는 소리를 느낀다고 합니다. 갓 태어난 아기가 가르쳐 주지 않아도 어머니의 젖을 빨려고 하는 것은 젖이 어머니의 냄새라는 것을 알고 있기 때문입니다.

사춘기가 지나면 냄새는 이성을 유혹하는 수단으로 변합니다. 이것은 페로몬이라는 분비물의 작용에 의한 것으로, 연구에 의하면 페로몬은 인간보다 후각이 발달된 동물의 세계에서는 미량으로도 놀라운 위력을 발휘한다고 합니다.

나방의 경우 수컷이 1/10,000그램의 페로몬을 분비한 것만으로도 10km가량 떨어져 있던 암컷이 날아올 만큼 놀라운 효과를 보였다는 것입니다.

향수는 여성의 치장이자 즐거움인 동시에 이성을 끌어들이는 수단이기도 합니다. 종류를 불문하고 향수를 즐겨 사용하는 사람은 성적인 욕구가 강한 타입입니다. 만약 어떤 여성이 당신과 단둘이 만날 때마다 향수를 뿌리고 나온다면 당신을 유혹하고

있다고 생각해도 좋습니다.

꽃 향기는 남성보다 여성이 훨씬 민감합니다.

장미, 백합, 제비꽃, 난초, 튤립, 수선, 매화, 국화 등 꽃의 종류는 매우 다양하지만, 향기는 농후한 향기의 다마스크 로즈(Damask rose)계와 상큼한 티 로즈(Tea rose)계, 그리고 화사한 세인트포리어(Saint paulia)계 세 종류로 크게 나누어집니다.

꽃 향기를 좋아하는 사람 중에는 자신도 꽃을 키우고 있거나 꽃을 바라보며 향기를 맡는 것을 즐기는 사람이 많습니다. 이런 타입은 연애를 할 때에도 끈적끈적하게 달라붙는 것을 싫어해서 상대를 살며시 지켜보는 경향이 있다고 합니다.

허브 향이나 포플러 향도 여성들에게 사랑받는 향기로, 이런 향기를 좋아하는 사람 중에는 청결한 것을 좋아하는 사람이 많습니다. 비누 냄새를 좋아하는 사람 역시 마찬가지로, 청결함을 소중히 여기는 것은 좋지만 위생 면에 지나치게 신경을 쓰는 경향이 있습니다.

바다 냄새를 좋아하는 사람은 남녀를 불문하고 꿈을 좇는 낭만주의자입니다. 이런 타입의 사람에게는 현실 세계에서 탈출해 낯선 이국으로 가고 싶다는 도피하고자 하는 심리가 잠재되어 있습니다.

대지의 냄새나 수목의 냄새는 자연으로의 회귀를 갈망하는 마음의 표현이라고 합니다.

누구나 어떤 냄새를 맡은 순간 문득 과거의 기억이 떠올랐던

적이 있을 것입니다. 대뇌 생리학적으로도 증명된 사실로써 이런 현상은 냄새를 판단하는 뇌 중추에 과거의 경험이 새겨져 있기 때문이라고 합니다.

좋아하는 색으로 알아보는 상대의 성격

당신이 평소 즐겨 입는 옷은 다음 중 어떤 색깔입니까?

A. 붉은색 계열(빨강, 오렌지, 핑크 등)
B. 푸른색 계열(감색, 수(水)색, 녹색 등)
C. 검은색
D. 회색
E. 갈색

■색은 감각과 감정에 영향을 미친다

색에는 다양한 성질이 있다고 합니다.

예를 들어 이런 연구 보고가 있습니다. 어느 공장에서 제품을 담은 검은 상자를 운반하는 직원들로부터 짐이 너무 무겁다는 항의가 속출했다고 합니다. '무거워서 등골이 휠 것 같다' 등 직원들의 항의에 회사 측이 상자를 전부 옅은 초록색으로 바꾸자 직원들은 입을 모아 '이번 상자는 가볍고 운반하기도 편하다' 고 말했습니다. 단순히 상자의 색을 바꿨을 뿐 짐의 무게는 변함이 없는데도 직원들은 모두 상자가 가벼워졌다고 느꼈던 것입니다.

일반적으로 흰색이나 회색은 가벼운 느낌을 주고 보라색, 청색, 녹색, 빨간색, 검은색 순으로 차츰 무거운 느낌이 더해지게 됩니다. 또 색은 중량감뿐만 아니라 원금감과 속도감에도 영향을 미친다고 합니다.

색채와 감정의 관계는 다음과 같습니다.

· 빨간색 : 정열, 충동적, 적극적, 활동적, 애정, 자신, 투지, 분노, 증오.

· 오렌지색: 밝음, 따뜻함, 쾌활함, 사교적, 총명, 정력적.

· 노란색 : 명랑함, 쾌활함, 씩씩함, 유쾌함, 건강함, 개방적.

· 녹색 : 안정, 온화함, 평안함, 상쾌함.

· 푸른색 : 이성적, 논리적, 냉정함, 침착함, 평정, 안도, 순종, 수동적.

· 보라색 : 신비적, 고귀함, 화려함, 우아, 고독.

· 갈색 : 현실적, 성실, 활력, 습관, 안심, 의지

· 회색 : 중립, 평균, 둔감, 보수적, 내성적, 비밀, 온화함.

· 검은색 : 음울함, 무(無), 부정, 사악, 죽음, 슬픔.

좋아하는 색을 통해 알 수 있는 성격과 경향을 자세히 살펴보

도록 합시다.

·붉은색을 좋아하는 사람

사교적이고 적극적이며 삶에 대한 열의가 강하고 정열적인 타입입니다. 또 목적 의식이 강하고 힘 관계를 중시하며 파벌에도 민감합니다. 성공에 대한 욕망이 강하고 지도력과 리더의 자질을 갖추고 있지만 직선적이고 독단적인 사고방식 때문에 종종 주위와 충돌하곤 합니다. 결단이나 행동은 빠르지만 변덕스럽고 독불장군이라는 인상을 주기 쉽습니다. 친절하고 남을 도와주기를 좋아해서 부하 직원들에게는 의지할 수 있는 상사가 되어줄 것입니다. 여성의 경우 언니처럼 남을 잘 돌봐주는 '왕언니 타입'으로, 사람이 좋고 남을 쉽게 믿어서 속거나 배신당하는 경우도 있습니다. 남녀 모두 연애에는 적극적이지만 달아오르기도 쉽고 식기도 쉬운 성격 때문에 바람기가 많다고 합니다.

·노란색을 좋아하는 사람

지적이고 새로운 것을 좋아하는 타입으로 상상력이 풍부하고 끊임없이 흥미와 관심의 대상을 찾아 몰두하곤 합니다. 관습이나 형식에 얽매이지 않는 유연한 사고방식의 소유자로 때때로 기발한 아이디어를 떠올리기도 하지만 사회적인 야심은 거의 없습니다. 다방면에 관심을 쏟는 만큼 끝까지 결실을 맺지는 못하며 언제 어디서나 자기 갈 길만 가는 타입입니다. 남을 배려하는 것이 서툴고 머리 속에 떠오른 말을 그대로 내뱉는 성격 때문에 주위로

부터 '괴짜' 혹은 '이기적인 사람' 으로 따돌림당하기 쉽습니다. 하지만 본성은 꾸밈없고 솔직해서 어떤 사람과도 허물없이 교제할 수 있는 타입이기도 합니다. 이런 부류의 사람들은 타고난 발상을 살릴 수 있는 기획이나 전문직이 적성에 맞을 것입니다.

· 녹색을 좋아하는 사람

사물을 판단하거나 분석하고 합리성을 중시하는 타입으로 자제심이 강하고 언제나 냉정하고 침착하지만 어떠한 일에 있어 결단을 내릴 때, 혹은 행동으로 옮길 때 많이 망설입니다. 다른 사람과의 조화를 즐기며 유연하고 폭넓은 사고방식을 갖고 있어 인간관계에는 별다른 문제가 없을 것입니다. 타인과의 사이에 일정한 거리를 유지하기 때문에 냉정한 인상을 주는 경우도 있습니다.

· 푸른색을 좋아하는 사람

변화를 싫어하고 안정을 선호하는 성격으로 도덕과 질서, 그리고 규칙을 중시하며 꾸준히 노력하는 타입입니다. 신중하고 경계심이 강해서 새로운 것과 미지의 영역에는 손을 대지 않습니다. 그만큼 형식에 얽매이기 쉽고 개성이 부족하다는 단점도 있지만 협조도 잘하고 배려하는 마음도 깊어서 팀워크를 중시하는 일이 적성에 맞을 것입니다.

남녀 모두 온화하고 남을 배려할 줄 아는 성격으로 기본적으로는 상냥한 친구나 연인 타입이지만 남에게 배신당하거나 상처를 입으면 회복하기까지 오랜 시간이 걸린다고 합니다.

· **보라색을 좋아하는 사람**

감수성과 창조력이 풍부하고 관찰력도 뛰어난 타입입니다. 그래서인지 이 타입에는 예술적 재능이 뛰어난 사람이 많습니다. 그만큼 우월감도 대단해서 '나는 다른 사람과는 달라' 라는 교만한 태도를 취하기가 쉽습니다. 교만하고 자존심이 세며 상처를 받으면 히스테리 증세를 보이는 사람도 있다고 합니다.

· **갈색을 좋아하는 사람**

온화하며 책임감과 의무감이 강하고 매사에 성실해서 주위로부터 신뢰받는 타입입니다. 무책임한 사람은 용서하지 못하는 결벽이 있으며 타인을 헌신적으로 도와주는 성격으로, 그 때문에 이용당할 우려도 있습니다.

· **회색을 좋아하는 사람**

조용하고 평온한 생활을 선호하는 타입입니다. 표면적인 대인관계는 원만하지만 타인의 간섭을 극단적으로 싫어하며 일과 사생활은 별개라고 생각하고 있습니다. 그 때문에 타인과 깊게 관련되는 것을 싫어해서 비밀이 많은 사람이라는 인상을 주기가 쉽습니다.

· **검은색을 좋아하는 사람**

조용하고 비사교적인 성격으로 남에게 지시받는 것을 싫어하고 자신의 틀 안에 갇혀서 고독을 추구하는 타입입니다. '회색 타입'보다 더욱 비밀스런 경향이 강하기 때문에 경계심이 강하고 특이한 사람이라는 인상을 줍니다. 신경이 예민하고 감수성이 풍부하지만 유머 감각이 부족하고 타인에게 냉담한 구석이 있습니다.

색의 취향은 다음 두 종류로 크게 나눌 수 있습니다.

· **따뜻한 색 취향**

붉은색, 오렌지색, 황색 등 적록색 계열이며 외부의 변화와 자극에 적극적으로 대응해 나가는 객관적 외향형입니다.

· **차가운 색 취향**

청색, 청록색, 수색, 흰색 등 청백색 계열이며 새로운 환경에 적응하는 것이 서툰 주관적 내향형입니다.

미국의 색채 심리학자 파버 비렌(Faber Birren)의 연구에 의하면 성인의 경우 붉은색을 좋아하는 사람은 감정의 기복이 심하고 현실적인 향락주의자이며 갈색을 좋아하는 사람은 꼼꼼하고 성실하며 둔감한 타입이라고 합니다. 또 청색 계열을 좋아하는 사람은 정신적인 면을 중시하는 내향형이고 오렌지색을 좋아하는 사람은 바람기가 많고 개성이 부족하며 검은색을 좋아하는 사람은 양면성을 지니고 있다고 합니다.

좋아하는 색은 바람을 나타내고, 싫어하는 색은 과거의 체험을 나타내며, 좋아하지도 싫어하지도 않는 색은 현재의 생활을 반영한다.

―독일의 심리학자 루샤

싫어하는 색으로 알아보는 불안과 고민

그럼 반대로 당신이 싫어하는 색은 무엇입니까?

A. 적색 계통(빨강, 오렌지, 핑크 등)

B. 청색 계통(감색, 수색 등)

C. 황색

D. 녹색

E. 갈색

F. 회색

G. 검은색

■막연하게 싫어하는 것은 아니다

좋아하는 색과 마찬가지로 싫어하는 색에도 의미가 있습니다.
색채 심리학적으로 싫어하는 색에는 억압된 '불안의 원인'이 나
타나 있다고 합니다. 직업상의 고민, 가정 내의 걱정거리, 과거

의 실패를 또다시 되풀이하는 것은 아닐까 하는 불안과 욕구가 충족되지 않은 불만 등 그런 잠재의식이 싫어하는 색에 반영되는 것입니다.

싫어하는 색과 불안이나 고민의 관계는 다음과 같습니다.

· **붉은색을 싫어하는 사람**

이렇게 열심히 노력하고 있는데도 조금도 보상받지 못하고 있다는 좌절감과 무력감을 나타내는 것입니다.

· **푸른색을 싫어하는 사람**

자신만큼 불행한 사람은 없다는 절망감에 사로잡혀 있습니다. 현재의 생활에서 탈피하면 조금은 나아질지도 모른다고 생각하면서도 계기를 찾지 못해서 고민하고 있는 것입니다.

· **노란색을 싫어하는 사람**

현재의 생활에 실망을 느끼고 있거나 꿈과 희망을 잃어버린 상태입니다.

· **녹색을 싫어하는 사람**

주위 사람들에게 반감과 의문을 품고 있습니다. 자신의 능력이 좀처럼 인정받지 못하고 일이 생각대로 풀리지 않는 것은 주위 사람들 때문이 아닐까 의심하고 있는 것입니다. 심리적으로 소외감을 느끼고 있는 고독한 상태입니다.

· **갈색을 싫어하는 사람**

주목받거나 남에게 인정받고 싶다는 욕구가 강한 상태입니다.

· 회색을 싫어하는 사람

단조로운 일상에 따분함을 느끼고 있습니다. 또 매너리즘
(Mannerism)으로부터 탈출하기 위한 자극을 원하고 있기도 합니
다.

· 검은색을 싫어하는 사람

주위 사람들에게 부정적인 감정을 지니고 있습니다. 자신의
의견을 관철하고 싶지만 현실에서는 행동을 제한받고 있으며 사
람들에게 따돌림당하는 듯한 허무함과 고립된 듯한 느낌을 받고
있는 것입니다.

■몸도 색의 영향을 받는다

색은 심리뿐만 아니라 생리적인 기능에도 영향을 미친다는 사
실을 알고 계십니까?

러시아의 심리학자 E · 포돌스키(E · Podolski)는 색이 생리적
인 기능에 미치는 영향을 다음과 같이 정리했습니다.

· 붉은색이 미치는 영향

붉은색에서 연상되는 것은 정열, 충동, 적극성, 자신, 애정입니
다. 붉은색은 피와 불을 상징하며 활동성과 흥분, 그리고 힘과
승리에 대한 충동이라는 이미지를 갖고 있어 정신을 자극할 뿐
만 아니라 우울증에 효과가 있다고 합니다. 또한 냉증을 악화시

키고 남성의 생식선을 자극하는 작용도 있습니다.

· 오렌지색이 미치는 영향

일반적으로 붉은색이나 오렌지색, 그리고 노란색 등의 붉은색 계열은 따뜻한 느낌을 줍니다. 그중에서도 오렌지색에는 밝음, 총명함, 쾌활함, 사교적이라는 이미지를 갖고 있으며 맥박 수를 미미하게 증가시키는 작용을 합니다. 단, 혈압에는 영향을 미치지 않으며 지나치게 과용하면 과도한 자극으로 피로의 원인이 된다고 합니다.

· 녹색이 미치는 영향

녹색은 나무와 자연을 연상시키며 평온함, 온화함, 안정, 상쾌함이라는 이미지를 지니고 있습니다. 그 때문에 진정 효과와 수면 효과, 그리고 진통 효과가 있으며 신경과민증, 불면증, 피로에도 효과가 있습니다. 또 긴장을 풀어주고 혈압을 낮춰주므로 고혈압 때문에 생긴 신경통과 두통을 완화시켜 주기도 합니다.

· 푸른색이 미치는 영향

푸른색이나 황록색, 수색 등의 청백색 계열은 차가운 느낌을 줍니다. 푸른색의 특징은 수수함, 소극적, 이성적, 논리적, 평정, 침착함, 안도, 수동적, 순수이며, 또 방부 효과가 있어서 종기가 곪아 고름이 생기는 것을 방지하거나 냉한 체질과 암을 치료하는 데도 도움이 된다고 합니다. 단, 동맥을 수축하는 효과와 혈압을 높이는 작용도 있기 때문에 과도한 자극은 우울증을 유발하기도 합니다.

· **보라색이 미치는 영향**

보라색의 이미지는 신비, 고귀함, 화려함, 우아함이며 심장과 폐 또는 혈관에 작용하여 조직의 저항력을 증진시켜 줍니다. 여성의 경우 생식선의 활동을 높이는 효과가 있습니다.

여담이지만 일반적으로 남성은 차가운 색 계열을 좋아하고 여성은 따뜻한 색 계열을 좋아하는 경향이 있습니다. 또한 남성은 한 가지 색상을 집중적으로 좋아하는 반면 여성은 비교적 다양한 색상을 좋아한다고 합니다.

인간이 색을 만들고 색이 인간을 만든다. 그리고 자신들이 만들어낸 배색 속에서 많은 감정을 표현한다.

—색채 심리학자 치지이와 히데아키

색으로 알아보는 상사 그리고 부하 직원과의 교제법

당신의 상사와 선배 또는 부하 직원이나 후배가 좋아하는 색은 무엇입니까? 모르겠다면 옷이나 소품을 통해 좋아하는 색을 추측해 보세요.

■색을 이용하여 인간관계를 원만하게 만들어라

이번에는 상대가 좋아하는 색을 통해 원만한 인간관계를 유지할 수 있는 방법을 알아보도록 하겠습니다.

· 붉은색을 좋아하는 사람과의 교제

상대가 연상일 경우

밝고 활동적이며 무슨 일에도 적극적인 타입입니다. 강한 추진력으로 부하 직원들을 이끌어 나가지만 도가 지나치면 폭군에 가까운 면모를 보이기도 합니다. 남을 잘 돌봐주는 타입이므로 일이 잘 안 풀리거나 고민이 있을 때 상담을 청하면 흔쾌히 응해

줄 것입니다.

이런 타입은 어린애 같은 면이 있어서 언제나 주목을 받지 못하면 토라져 버리기 때문에 항상 상대를 치켜 세워주고 충성을 표현하는 것이 중요합니다.

만약 당신이 같은 색을 좋아한다면 충돌할 우려도 있는데 그럴 때는 상대를 이기려 들지 말고 무조건 져주는 것이 좋습니다. 비슷한 사람끼리는 고민이 있거나 지쳐 있을 때 누구보다도 서로의 마음을 이해할 수 있을 것입니다. 상대가 우울해하고 있을 때에는 자연스럽게 말을 걸어서 '언제나 당신을 지켜보고 있었다' 는 말을 건네보도록 합시다.

상대가 연하일 경우

활동적이고 적극적인 성격인만큼 독단적으로 일을 추진해 나가는 경향이 있습니다. 또 체면을 중시하므로 주의를 줄 때에는 사람들의 눈을 피해 1대 1로 이야기하는 편이 좋습니다. 기본적으로 남에게 간섭받는 것을 싫어하기 때문에 지나친 조언이나 충고는 금물입니다. 단, 먼저 상담을 해오면 흔쾌히 응해주는 것이 좋습니다. 무시하면 어린아이처럼 토라져 버릴지도 모르니까요.

· 푸른색을 좋아하는 사람과의 교제

상대가 연상일 경우

냉정하고 침착하며 분석을 해가면서 일을 진행시켜 나가는 타입입니다. 이런 타입의 상사와 일을 할 때에는 화가 나더라도 이성적으로 행동하는 것이 좋습니다. 감정적인 행동은 당신에 대한 평가를 떨어뜨리기만 할 뿐이기 때문입니다. 일에 대한 방침이나 의견이 어긋날 때에는 어디가 어떻게 다른지 논리적으로 명확하게 설명하는 것이 좋습니다. 또 이 타입은 애매한 설명이나 어중간한 보고를 싫어하며 꾀를 부려봤자 곧 눈치 채고 맙니다. 모르는 것이 있으면 그 자리에서 질문하여 조언을 듣도록 합시다.

상대가 연하일 경우

논리적으로 일을 추진해 나가는 타입입니다. 유능하지만 고지식하고 정형화된 사고방식을 갖고 있어 함께 일을 하면 오히려 효율이 떨어질 수도 있습니다. 온화하고 냉정한 성격이니만큼 감정적으로 꾸짖는 것은 금물입니다. 평소와는 다른 멤버로 팀을 짜거나 거래처에 데려가는 등 외부인과 접촉할 기회를 주면 좋은 자극이 될 것입니다. 큰 사고를 치지는 않지만 이성 관계로 문제를 일으키는 사람이 많습니다.

· 녹색을 좋아하는 사람과의 교제

상대가 연상일 경우

목적 달성형에 이상주의자로 세심하게 스케줄을 짜는 것이 특기입니다. 그러나 예정이 틀어질 경우에는 대응하는 것이 늦고 판단력이 부족해지는 경향이 있습니다. 또 부하 직원을 지도하는 것은 능숙하지만 다툼이 일어나거나 팀워크가 무너질 경우 어떻게 대처하면 좋을지 몰라서 쩔쩔매는 사람이 많습니다.

　　이런 타입의 상사와 원만하게 지내기 위해서는 다소 불만이 있더라도 항상 협조를 중시해야 하며 실수를 했을 때에도 변명이나 불만은 금물입니다. 냉정해 보이지만 불만을 토로하는 순간 태도가 돌변하는 것이 특징입니다.

상대가 연하일 경우

　　이른바 우등생에 도련님 타입으로 학교의 선후배처럼 대하는 것이 좋습니다. 끈질기게 잔소리를 하면 명령을 듣지 않게 되므로 요점을 체크한 후 나머지는 전부 맡기는 편이 효율적입니다.

· 노란색을 좋아하는 사람과의 교제

상대가 연상일 경우

밝고 사교적이며 농담을 좋아하고 화제도 풍부해서 주위를 밝게 만드는 타입입니다. 단, 새로운 것을 좋아하고 쉽게 질리기 때문에 즉흥적으로 방식을 바꿔서 주위를 놀라게 하기도 합니다. 경박한 적당주의자라며 싫어하는 사람도 있지만 근본적으로는 솔직하고 꾸밈없는 성격입니다. 사소한 일은 신경 쓰지 않는 타입이기 때문에 뭐든 적당히 해치우는 성격만 참는다면 편하고 좋은 상사일 것입니다. 새로운 것을 좋아하고 시행착오를 거듭하며 일을 진행해 나가는 스타일로 연구원이 적성에 맞습니다. 계획을 세우는 단계에서는 쓸데없는 참견을 하면 불쾌해하므로 지시받은 일 외에는 참견하지 않는 편이 현명할 것입니다.

상대가 연하일 경우

기분파인데다 단조로운 작업에는 서툴지만 새로운 아이디어를 떠올리는 능력은 뛰어난 타입입니다. 기분이 좋을 때와 나쁠 때의 격차가 심하기는 하지만 세심하게 주의를 주지 않아도 일의 요령을 잘 파악하므로 편하다면 편한 상대일 것입니다.

· 검은색을 좋아하는 사람과의 교제

상대가 연상일 경우

조용하고 비밀이 많으며 속내를 보이지 않는 성격으로, 무슨 생각을 하고 있는지 알 수 없어서 상대를 불안하게 만들곤 하지만 일을 할 때에는 성실한 타입입니다. 단, 꼭 필요한 것 외에는 지시를 하지 않으므로 일을 시작할 때에는 먼저 업무의 흐름을 파악해 두는 것이 좋습니다.

상대가 연하일 경우

비사교적이고 사생활에 대해 얘기하는 것을 싫어하는 타입이므로 대화를 나눌 때에는 일에 대한 화제를 선택하는 것이 좋습니다. 신경질적이고 까다로운 성격으로 감수성은 예민하지만 판단력이 부족합니다. 그 점에만 주의하면 별다른 문제는 없을 것입니다.

넥타이 무늬로 살아보는 센스와 융통성

당신이 즐겨 매는 넥타이는 대체로 어떤 디자인입니까?

A. 비스듬한 줄무늬의 평범한 넥타이

B. 크고 화려한 무늬의 넥타이

C. 캐릭터 무늬의 넥타이

D. 유명 브랜드의 넥타이

E. 무늬 없는 넥타이

F. 뭐든지 상관없다

■넥타이를 우습게 보지 말라

남성에게 있어서 넥타이는 양복과 마찬가지로 빼놓을 수 없는 소품입니다. 넥타이에는 다양한 디자인이 있는데 선호하는 디자인을 통해 그 사람의 성격을 알 수 있다고 합니다.

직장인이라고 해서 모두가 넥타이를 착용하는 것은 아닙니다.

반드시 넥타이를 착용해야 하는 사람도 있고 착용하지 않아도 되는 사람도 있습니다.

TV나 예능 관계, 광고 기획, 디자인 관계 등 이른바 딱딱하지 않은 직업에 종사하는 사람 중에는 넥타이를 착용하지 않는 사람이 제법 많다고 합니다. 반대로 민간 기업의 직원이나 공무원에게는 넥타이가 필수일 것입니다.

그러나 남자라면 알겠지만 하루 종일 넥타이를 매고 있는 것은 답답한 일입니다. 익숙해지면 괜찮지만 속박을 싫어하는 사람들 중에는 자유로워지고 싶어서 회의나 상담을 할 때 외에는 넥타이를 풀어놓고 지내는 사람도 있다고 합니다. 상사로부터 넥타이를 착용하라고 여러 차례 주의를 받아도 태연한 사람은 외톨이 늑대 타입입니다. 유능하고 옷차림보다 실적을 중시하는 실력파라면 몰라도 그렇지 않으면 단순히 무기력한 사람이거나 잔소리를 늘어놓는 상사에게 대항하기 위해 넥타이를 착용하지 않는 것일 수도 있습니다.

그런가 하면 휴일에 외출할 때에도 양복과 넥타이를 착용하지 않으면 마음이 안정되지 않는다는 사람도 있습니다. 이런 타입은 패션에 둔감하거나 회사에 대한 귀속 정신이 강하거나 아니면 오히려 매우 세련된 사람이라고 합니다.

A. 비스듬한 줄무늬의 평범한 넥타이
가장 평범한 무늬로, 이 무늬를 좋아하는 사람 역시 평범하고 무난한 사람입니다. 개인플레이보다는 집단생활이 적성에 맞는 타입으로, 순응을 잘하고 어떠한 일에도 협조를 잘해서 성실하게 일하면 나름대로 좋은 평가를 얻을 수 있을 것입니다. 현상 유지를 중시하며 주어진 일을 꾸준히 해 나가는 타입이지만 도전 정신이 없고 아이디어가 부족해서 큰 성공과는 인연이 없습니다.

　B. 크고 화려한 무늬의 넥타이

　새로운 것을 좋아하지만 매사에 쉽게 질리기 때문에 단조로운 일은 적성에 맞지 않습니다. 이러한 사람은 두뇌 회전이 빠르고 기발한 아이디어를 떠올릴 때가 많아서 기획 등에 재능을 보입

니다.

그 밖에도 추상화 같은 무늬가 있는 넥타이, 파스텔 색의 넥타이, 좌우의 색이 다른 넥타이, 화려한 물방울 무늬의 넥타이를 좋아하는 사람은 독창적인 발상을 살릴 수 있는 일을 선택하는 편이 좋습니다.

C. 캐릭터 무늬의 넥타이

최근 자주 눈에 띄는 뽀빠이나 미키마우스 등의 캐릭터가 들어간 디자인으로, 여자 친구에게 선물 받아서 매고 다니는 사람도 있겠지만 학생이라면 몰라도 사회인이 된 후에도 이런 넥타이를 즐겨 매는 사람은 어린애 같은 기분에서 벗어나지 못한 사람입니다.

단, 이런 타입도 광고나 게임 업계에서는 생각지 못한 상상력을 발휘하는 경우도 있으므로 창조적인 일이 적성에 맞을지도 모릅니다.

D. 유명 브랜드의 넥타이

한눈에 브랜드를 알 수 있는 무늬나 브랜드 로고가 커다랗게 박혀 있는 넥타이를 좋아하는 사람은 열등감과 허영심이 강한 타입입니다. 이런 사람은 손목시계나 수첩도 브랜드 제품일 경우가 많습니다.

또 브랜드 제품이라 해도 자신의 개성에 맞는 센스있는 넥타이를 매고 있는 사람은 세련되고 멋 부리기를 좋아하는 사람으로, 셔츠나 양말 등 눈에 띄지 않는 곳에도 돈을 아끼지 않습니다. 유능한 남자는 패션 감각이 뛰어나고 색채 감각도 예리한 법입니다. 게다가 여성에게도 인기가 있어서 연인을 선택할 수 있는 폭도 넓습니다.

E. 무늬 없는 넥타이

무늬 없는 넥타이는 무미건조한 느낌을 주지만 넥타이의 색이 그 사람과 잘 어울릴 경우에는 센스가 매우 뛰어나고 스스로에게 자신감을 지니고 있다는 증거입니다.

색은 크게 붉은색, 오렌지색, 노란색 등의 붉은색 계열과 푸른색, 청록색, 수(水)색, 흰색 등의 청백색 계열, 그리고 그 중간에 위치하는 색으로 분류됩니다.

따뜻한 색을 좋아하는 사람은 외향적인 타입입니다. 붉은색을 좋아하는 사람은 정열적이고 현실적인 향락주의자이며 오렌지색을 좋아하는 사람은 바람기가 많다고 합니다.

한편 차가운 색을 좋아하는 사람은 내향적인 타입으로 정신적인 면을 중시하며 비사교적인 성격입니다. 단, 내향적인 타입은 내면의 세계를 중시하는 만큼 감성이 풍부한 사람이 많고 창조적인 일이 적성에 맞는다고 합니다.

F. 뭐든지 상관없다

아내가 사준 넥타이든 선물 받은 넥타이든 매고 다닐 수만 있다면 뭐든지 상관없다는 사람은 말할 것도 없이 패션엔 관심없는 사람입니다. 겉과 속이 다르지 않은 솔직한 사람으로, 사소한 일은 신경 쓰지 않으므로 이런 상사의 밑에서 일하면 부하 직원들은 편할지도 모릅니다.

　하지만 요즘은 자신의 개성을 굉장히 중요시 여기는 시대입니다. 여성은 물론 남성도 젊고 좋은 인상을 주는 편이 유리하다는 것은 말할 것도 없을 것입니다. '남자에게 패션 따윈 상관없다'고 생각하는 사람은 시대에 뒤떨어진 촌스러운 아저씨라는 인상을 줄지도 모릅니다. 가까운 곳에 감각이 뛰어난 사람이 있다면 큰맘먹고 상담하여 조언을 들어보는 것도 좋을 것입니다.

5장

취향으로 알아보는 심리

대화에 드러나는 애정도와 신뢰도

당신의 연인은 데이트를 할 때 어떤 이야기를 하고 어떤 태도를 취할 때가 많습니까?

A. 당신의 과거나 성장 과정을 알고 싶어한다
B. 당신 말고도 자신을 좋아하는 사람이 많다고 자랑한다
C. 이렇게 해줬으면 좋겠다는 요구가 많아졌다
D. 가족에 대한 얘기를 한다

■격식이 사라졌을 때 본심이 드러난다

인간은 다른 사람의 앞에서 자신의 감정을 좀처럼 드러내지 않는 동물입니다. 그래서 종종 진심을 숨기고 이야기하거나 자신을 꾸미곤 합니다. '얼굴로는 웃고 마음속으로는 운다' 라는 말처럼 자신의 감정을 위장하거나 허세를 부릴 때도 있습니다. 그러나 아무리 숨겨도 말과 태도에는 그 사람의 진의가 드러나

게 마련입니다.

인간은 누구나 처음 만난 사람에게는 잘 보이고 싶어하는 법입
니다. 하물며 상대에게 호감을 갖고 있다면 더 더욱 그럴 것입니다.

만약 당신이 누군가와 교제하고 있다면 상대의 마음에 신경이
쓰이는 것은 당연한 일입니다. 함께 보내는 시간이 길어짐에 따
라 차츰 서로에게 예의를 다하지 않게 되면 왠지 상대의 태도가
차가워진 것처럼 느껴질 수도 있습니다.

'정말로 나를 좋아하는 걸까?', '내게 질린 것은 아닐까?' 등 그
런 불안감이 든다면 상대의 말과 태도를 잘 관찰해 보도록 합시다.

· 당신의 과거와 성장 과정을 알고 싶어한다

질투심이 많고 독점하고자 하는 욕구가 강한 타입입니다. 좋
아하는 사람의 모든 것을 알고 싶다는 욕구가 강하고 극히 보수
적인 사고방식의 소유자이기도 합니다. 하지만 상대를 안심시키
기 위해 과거를 고백하는 것은 오히려 역효과를 냅니다. 이런 타
입은 독점하고자 하는 욕구가 너무 강한 나머지 과거의 연인에
게까지 질투를 불태워서 당신을 더욱 괴롭힐지도 모릅니다. 아
무리 가까운 사이라 해도 모르는 편이 서로에게 좋을 때도 있습
니다. 만약 상대가 이런 타입이라면 질투할 만한 이야기는 피하
는 편이 좋을 것입니다.

· 당신 말고도 자신을 좋아하는 사람이 많다고 자랑한다

그 얘기를 듣고 '그런데 나 같은 사람이 어디가 좋은 걸까' 라고

고민하는 것은 섣부른 판단입니다. 그 사람에게 마음이 있었다면 오히려 감추고 싶어하는 법입니다. 상대의 목적은 당신의 반응을 확인하려는 것이기 때문에 그 얘기를 듣고 당신이 어떤 태도를 취할 것이며 자신을 얼마나 좋아하는지 탐색하고 있는 것입니다.

미적지근한 태도를 취하는 남성에게 여성이 흔히 쓰는 수법으로, '흐응, 좋겠다' 라며 허세를 부리면 떠나 버릴 가능성이 큽니다. 쑥스러워하지 말고 자신의 마음을 솔직하게 전하도록 합시다. 이런 타입의 남성은 내성적이고 스스로에게 자신이 없는 사람입니다.

· '만약 결혼한다면…' 이 입버릇

이미 프로포즈를 했고 결혼 애기가 구체적으로 오간 사이라면 몰라도, 그렇지 않다면 스스로에게 자신이 없어서 프로포즈를

할 수 없거나 분위기에 휩쓸려 결혼을 들먹이거나 둘 중의 하나입니다. 어느 쪽이든 이런 타입은 그다지 신용할 수 없는 사람입니다. 평소에도 비현실적이고 추상적이며 꿈같은 얘기만 하는 사람은 도피하고자 하는 욕구가 강하고 상대에게 꿈같은 이야기를 들려줌으로써 현실의 불만을 해소하고 있는 것입니다.

· 불평이나 요구가 많아졌다

다소의 불평이나 요구는 당신을 그만큼 가깝게 생각해서 어리광을 부리는 것이라 봐도 좋습니다. 인간은 누구나 연인이나 배우자가 자신의 요구를 들어주길 바라는 법이니까요. 또 무리를 해서라도 요구를 들어주는 당신을 보고 '정말 나를 좋아하는구나' 라며 만족감을 느끼고 있을지도 모릅니다.

그러나 요구하기만 할 뿐 당신의 요구는 들어주지 않는다면 단순한 이기심에 불과합니다. 요구하는 정도가 늘어갈수록 당신은 점점 지치게 될 것입니다. 지나친 요구는 거절하는 것이 좋습니다.

· 어머니의 얘기를 자주 한다

이런 남성을 '마마보이' 라고 생각하는 여성이 많은데, 남성에게 있어서 어머니의 존재란 특별한 것이며 아무리 나이를 먹어도 자신의 연인이나 배우자를 어머니와 비교하거나 겹쳐 보기 마련입니다.

정신 의학자 지그문드 프로이드(Sigmund Freud)의 연구에 의하면 남자는 다섯 살가량이 되면 어머니를 이성으로 의식하기 시작한다고 합니다. 또 어머니의 애정을 독점하고 싶은 마음이 강해지면 강해질수록 자신의 라이벌인 아버지라는 존재를 방해물로 여기게 된다는 것입니다. 이런 경향을 그리스 신화에 등장하는 비극의 주인공 오디프스(Oedipus)의 이름을 따서 '오디프스 콤플렉스(Oedipus complex)'라고 합니다.

청년기가 되면 가까운 이성에게 관심이 옮아가는 것이 일반적인데, 언제까지나 어머니와 함께 있고 싶어하는 남성은 충분한 애정을 받지 못했거나 어머니의 지나친 애정으로 인해 정신적인 독립이 늦거나 둘 중 하나입니다.

· 늘 아버지 자랑을 한다

여성에게 많은 케이스로 남성이 '오디프스 콤플렉스'라면 이쪽은 '엘렉트라 콤플렉스(Electra complex)'입니다.

어렸을 때 아버지를 잃었거나 또는 이혼으로 인해 아버지와 떨어져서 자란 여성은 아버지 또래의 남성을 동경하기도 합니다. 여성에게는 자신의 연인이나 배우자에게서 아버지의 모습을 찾는 경향이 있기 때문입니다.

한편 늘 아버지 자랑을 하는 남성은 권위주의적인 성격의 소유자입니다. 어렸을 때부터 권위적인 아버지 밑에서 엄격한 교육을 받고 자란 사람 중에는 무의식적으로 아버지와 자신을 동일시하여 연상에게는 절대 복종하고 연하에게는 엄격한, 권위적인 사람이 많습니다.

싸웠을 때 알 수 있는 남녀의 태도

당신은 지금 연인과 함께 여행 계획을 세우고 있는 중입니다. 만약 행선지에 대한 의견이 어긋났을 때 두 사람이 취하는 행동은 다음 중 어느 것에 가깝습니까?

A. 자신이 원하는 곳으로 가겠다고 고집스럽게 주장하며 양보하지 않는다

B. 대화를 통해 서로 조금씩 양보하여 타협한다

C. 토라지거나 침묵해서 상대의 마음을 바꾸려고 한다

D. 폭력을 사용하거나 상대를 위협한다

E. 상대의 주장을 꺾는 것은 무리라는 생각에 포기하고 동의하거나 다른 얘기를 꺼낸다

■궁합은 파워 관계로 결정된다

앞에서 언급한 예는 남편과 아내가 어떤 문제에 대해 의견이

일치하지 않을 때 각자가 보이는 전형적인 태도를 미국의 심리
학자 키프니스(Kipnis)가 다섯 가지로 분류한 것입니다.

　A. 권위 과시형

　이 문제에 대해서는 자신이 잘 알고 있으니 왈가왈부하지 말
라는, 즉 남편이 권위 과시형일 경우에는 폭력적인 남편일 것이
고 아내가 권위 과시형일 경우에는 그 남편이 아내에게 쥐여사
는 공처가형일 것입니다.

　B. 조정형

　서로가 납득할 수 있을 때까지 대화를 나누고 양보하는 자세

를 보이는 것을 말합니다.

C. 의존형

상대를 비난하거나 울거나 토라져서 자신의 요구를 호소하는 것을 말합니다.

D. 최후의 수단형

상대에게 주장을 꺾으라고 요구하며 자신의 말을 따르지 않으면 상대를 위협하는 것을 말합니다.

E. 포기형

상대의 의지가 강해서 무슨 말을 해도 무리라며 금방 포기하는 것을 말합니다.

키프니스의 주장에 의하면 부부 싸움의 원인은 무수히 많지만 최종적으로는 이 중 한 가지 방법을 사용하여 상대를 조종하려는 시도라고 합니다.

가장 이상적인 것은 B의 조정형이지만 세상의 모든 커플이 이같은 수단을 취하는 것은 아닙니다.

각 타입을 분석한 미국의 심리학자 림(Rim)의 연구에 의하면 내향적이고 정신적으로 불안정한 사람일수록 의존형, 최후의 수단형, 포기형 등 감정적인 행동을 취하는 경향이 있고 정신적으로 안정되어 있는 사람은 조화형일 경우가 많다고 합니다.

일반적으로 궁합은 서로의 성격과 사고방식은 물론 문제에 직면했을 때의 행동에도 크게 영향을 미칩니다.

  평소에는 아무리 친절해도 싸울 때에는 본심이 드러나게 마련입니다. 만약 한쪽이 조화형이라도 다른 한쪽이 권위 과시형이라면 합의점을 찾기는 어렵습니다. 예를 들어 권위 과시형끼리는 항상 충돌할 것이고 최후의 수단형끼리는 언제까지나 결판이 나지 않을 것입니다. 또 포기형끼리는 싸우지 않는 대신 뭔가 결단을 내려야 할 때는 제3자에게 상담하지 않으면 아무것도 결정할 수 없을지 모릅니다.

  폭군형 남자와 순종적인 여자가 부부일 경우나 반대로 남자가 여자에게 쥐여 사는 부부가 의외로 사이가 좋은 것은 조합, 즉 궁합이 서로 잘 맞기 때문입니다.

닮은 꼴 부부가 많은 이슈는?

요즘은 컴퓨터로 보는 궁합이나 배우자 소개 광고가 자주 눈에 띄곤 합니다.

그럼 실제로 컴퓨터를 통해 소개받은 후 결혼하는 커플과 그렇지 않은 커플은 어디가 다른 것일까요?

■공통점이 많을수록 호감을 지니는 심리

'유유상종'이라는 말이 있듯 인간은 자신과 비슷한 사람에게 호감을 지니는 경향이 있습니다.

미국의 심리학자 로만(Roman)은 이런 심리를 조사하기 위해 디트로이트(Detroit) 시에 사는 남성 천 명을 대상으로 다음과 같은 실험을 했습니다.

실험 참가자들에게 각각 친구 세 명을 적게 한 후 본인과 친구의 연령, 직업, 학력, 종교, 지지 정당 등을 비교한 결과 친구들 간에는 비슷한 점이 많고 비록 몇 가지 다른 항목은 있어도 친구들과 자신은 같은 부류라고 생각하는 사람이 많았다고 합니다.

임의로 두 명씩 조를 짠 남녀와 부부를 대상으로 실험을 했을 때에도 결과는 같았습니다.

연령, 신장, 체중, 산술 능력, 시사 문제에 관한 지식 등을 조사한 결과 임으로 짜여진 커플보다는 부부의 유사성이 높고 사이가 원만한 부부일수록 성적인 문제에 대한 일치도도 높았다고 합니다.

■비슷하기 때문에 좋아하는 것일까, 좋아하기 때문에 비슷해지는 것일까

그럼 인간은 처음부터 자신과 비슷한 사람에게 호감을 갖게

되는 것일까요, 아니면 함께 있는 동안 비슷해지는 것일까요.

인간이 자신과 비슷한 사람에게 호감을 지니는 경향에 대해 조사한 실험은 또 있습니다.

미국의 심리학자 T·M·뉴컴(T·M Newcombe)은 같은 대학, 같은 기숙사에 들어간 학생들을 대상으로 반년간 추적 조사를 실시하여 누구와 누가 친해졌는지를 조사해 보았습니다. 그 결과 기숙사에 들어간 직후에는 방이 가까운 사람끼리 친해지는 경향을 보였지만 시간이 지남에 따라 비슷한 사람끼리 그룹을 만들어갔다고 합니다.

전자를 '근린(近隣)의 요인(要因)'이라고 하며 후자를 '유사성(類似性)의 상정(想定)'이라고 합니다.

또 가공 인물의 프로필을 실험 참가자들에게 보여주고 호감도를 조사한 실험에서는 성격이나 의견 또는 행동 양식이 자신과 비슷할수록 호감도가 높아지고 비슷하지 않을수록 호감도가 낮아진다는 사실이 판명되었습니다. 또 외모나 직업이 달라도 사고방식이나 취미가 비슷하다는 이유만으로 호감을 지니는 경향을 보였습니다.

즉, 인간은 성별, 연령, 인종을 불문하고 상대의 외모나 사회적 지위가 아닌 자신과의 유사성을 호감의 기준으로 삼는 경우가 많다는 것입니다.

인간은 무의식적으로 자신이 옳다고 믿는 경향이 있습니다. 그 때문에 자신과 비슷한 사고방식을 지닌 사람을 보면 자신이 옳다는 안도감을 느끼게 되는 것입니다.

반대로 인간에게는 좋아하는 사람이 자신과 비슷하게 보이는 경향이 있습니다. 외모가 어찌 됐든 상대에게 호감을 지니면 서로의 성격과 행동 경향, 기호 등이 비슷하다고 믿게 되는 것입니다.

미국의 심리학자 피들러(Fiedler)는 인간이 자신과 타인의 유사성을 판단할 때 그 판단에 개인적인 감정이 개입되는 것은 아닐까 하는 의문을 품고 다음과 같은 실험을 해보았습니다.

피들러는 실험 참가자인 대학생 26명에게 다음 네 종류의 질문을 하고 76항목에 달하는 회답을 요구했습니다.

① 자기 평가
② 이상적인 자기 평가
③ 동료와 친구들 중에 가장 좋아하는 사람의 자기 평가를 추측
④ 동료들 중에서 가장 싫어하는 사람의 자기 평가를 추측

그 결과 좋아하는 사람은 좋아하지 않는 사람보다 자신과도 자신의 이상과도 비슷하다고 생각하는 사람이 많았다고 합니다.

자기 평가에 관해서는 양자 간에 큰 차이는 보이지 않았습니다.

이 결과를 통해 인간이란 좋아하는 사람은 자신과 비슷하고 좋아하지 않는 사람은 자신과 비슷하지 않다고 생각한다는 것을 알 수 있습니다.

그러나 이런 상대와 친해지기 쉬운 가장 좋은 방법은 공통된 관심사를 만드는 것이라고 합니다.

'미녀와 야수'는 있을 수 없다?

외국계 기업에 근무하는 사무원 A 씨(28세)는 뛰어난 미인에 몸매는 모델 수준이며 밝고 사교적인데다 눈치도 빠르고 유능하다고 사내에서도 평판이 자자한 여성입니다. 게다가 집안도 유복해서 금전적으로 어려웠던 적도 없었다고 합니다. 현재 살고 있는 고급 아파트도 아버지가 수년 전에 구입해 준 것이라고 합니다.

하지만 즐겁고 자유로운 생활을 만끽하고 있을 줄만 알았던 그녀의 고민은 애인이 없는 것이라고 합니다.

대학에 다닐 때부터 적극적으로 미팅에 참가했지만 어째서인지 접근해 오는 남자는 거의 없었고, 몇몇 남성과 교제하긴 했지만 한두 번 데이트한 후에는 연락을 해오지 않아서 흐지부지 끝나 버리고 말았다는 것입니다.

'눈이 높은 것도 까다로운 것도 아닌데 대체 어째서……?'

A 씨는 자신에게 뭔가 결함이 있는 것은 아닐까 고민하고 있었습니다.

자, 당신은 그 이유가 무엇이라고 생각하십니까?

■인간은 자신과 어울리는 사람을 선택한다

인간은 누구나 아름다운 것에 매료되게 마련입니다. 때문에 외모가 뛰어난 사람은 그만큼 사람들의 호감을 얻기 쉽습니다. '첫눈에 반했다'라는 말이 있는데, 처음 본 순간 사랑에 빠지는 것도 상대의 외모나 분위기 때문일 것입니다.

그렇다면 매력적인 외모를 지닌 사람은 이성에게도 인기가 많아서 연인을 선택할 때에도 유리할 거라고 생각하기 쉽지만 실제로는 그렇지도 않다고 합니다.

예를 들어 이런 실험이 있습니다.

미국의 심리학자 키슬러(Kiesler)는 지능 테스트라는 명목으로 남자 대학생을 모집해서 테스트 결과에 만족하는 '자기 평가가 높은 그룹'과 결과에 만족하지 못하는 '자기 평가가 낮은 그룹'으로 분류했습니다. 테스트 후 대학생들은 아름답고 매력적인 여성과 메이크업으로 외모를 촌스럽게 꾸민 여성 점원이 있는 매점으로 향했습니다. 실험의 본래 목적은 그때 실험 참가자들이 여성에게 어떤 행동을 취하는지 조사하는 것이었습니다.

그 결과 '자기 평가가 높은 그룹'에 속해 있는 학생들은 아름답고 매력적인 여성에게 접근해서 전화번호를 물어보거나 데이트를 신청하는 데 반해, '자기 평가가 낮은 그룹'에 속해 있는 학생들은 미인을 힐끔힐끔 바라보며 촌스러운 외모의 여성에게 같은 행동을 취하는 경우가 많았다고 합니다.

인간은 누군가에게 호의를 가지면 그 사람도 자신에게 호의를 가져주길 바라게 됩니다.

이런 경향을 '호의(好意)의 반보성(返報性)' 또는 '호혜성(互惠性)'이라고 하는데, 상대가 반드시 자신에게 호의를 품어줄 거라는 보장도 없거니와 하물며 상대의 외모나 능력이 평균보다 훨씬 뛰어나거나 좋은 조건을 지나치게 많이 갖추고 있으면 자신과는 어울리지 않는다는 불안을 품게 되는 법입니다.

'데이트를 신청하면 거절하지 않을까', '비웃지는 아닐까' 이런 심리 때문에 인간은 외모와 조건이 뛰어난 사람을 원하면서도 자존심에 상처받는 것이 두려워 현실에서는 자신과 어울리는 사람을 찾게 됩니다. 그래서 자신과 같은 수준의 상대를 발견하면 데이트를 하고 사랑을 나누게 되며 결국 결혼을 하게 되는 것입니다.

이처럼 자신과 비슷한 수준의 사람에게 호의를 품거나 교제하는 것을 '매칭(Matching)' 이라고 하며 인간은 자신과 어울리는 상대를 원한다는 설을 '매칭 가설' 이라고 합니다.

연인이나 부부의 사진을 찍어서 그것을 근거로 신체적인 매력도를 분석한 미국의 심리학자 머스틴(Mustaine)의 실험에 의하면 연인이나 부부의 외모는 서로 수준이 비슷한 경우가 많다고 합니다.

물론 '남편은 못생긴 중년 아저씨인데 부인은 젊고 미인인 케이스도 있다' 고 주장하는 사람도 있을 것입니다. 하지만 그럴 경우 남편에게는 돈이 많다거나 상냥한 성품을 지녔다거나 밸런스를 맞추는 무언가가 존재하는 경우가 많습니다.

한때 3高(고학력, 고수입, 큰 키)라는 말이 유행한 적이 있습니다. 욕심이 많다고 분노하는 남성도 있었지만 여성의 입장에서는 '이상은 어디까지나 이상일 뿐 하나라도 가까운 점이 있다면…' 정도의 기분은 아니었을까요. 누구나 이상적인 상대를 추구하는 것 같으면서도 의외로 냉정하게 자신을 평가하고 있으니까요.

새디스트와 매저키스트는 특수한 세계의 이야기가 아니다

　간호사 C 씨는 작년에 남편과 합의 이혼을 했습니다. 이혼의 원인은 남편이 일은 하지 않고 늘 그녀에게 폭력을 휘둘렀기 때문이었습니다. 아이가 생기면 조금은 나아질 줄 알았지만 남편의 폭력은 더욱 심해지기만 했습니다. 늘 상처가 가시지 않는 C 씨를 걱정한 부모님과 친구들은 하루라도 빨리 남편과 헤어지라고 C 씨를 설득했습니다. 결국 C 씨가 위자료를 지불한다는 조건으로 이혼은 겨우 성립되었습니다.

　이제는 그녀와 아이도 폭력을 휘두르는 남편으로부터 해방되어 평화롭게 살 수 있을 것이라고 안심한 것도 잠시 뿐, 최근 C 씨에게 연인이 생겼는데 상대는 전남편과 비슷한 타입으로, 이 직업 저 직업을 전전하고 있을 뿐 아니라 때때로 폭력을 휘두른다고 합니다.

　'왜 하필이면 그런 남자만…….'

　주위 사람들은 그녀를 이해할 수 없었습니다.

　당신의 주변에도 비슷한 커플이 있지는 않습니까?

■인간에게는 새디스트적인 요소와 매저키스트적인 요소가 있다

주위를 살펴보면 성격이 정반대인 부부나 커플이 의외로 많다는 것을 알 수 있습니다.

지배형과 복종형, 외향형과 내향형, 개방형과 폐쇄형, 절약형과 낭비형 등.

앞서 말한 C 씨와 전남편은 일종의 새디스트와 매저키스트 부부입니다.

새디즘과 매저키즘은 본래 변태 성욕과 관련된 용어로, 정신의학자 프로이드도 이런 사랑에 관련된 이상 심리학을 연구한 바 있습니다.

단, 여기서 말하는 새디스트와 매저키스트는 변태 성욕이나 성도착증만을 의미하는 것은 아닙니다. 어떤 사람이라도 많든 적든 새디스트적인 요소와 매저키스트적인 요소를 지니고 있는 것입니다.

심층 심리학에서는 새디즘을 자신의 파괴 행동을 타인에게 투영하는 것, 또는 자신의 허세와 불안에 대한 방어라고 분석하고 있습니다. 이렇게 말하면 남자는 모두 새디스트이고 여자는 모두 매저키스트라고 생각하기 쉽지만, 새디스트인 여성과 매저키스트인 남성도 의외로 많다고 합니다.

일반적으로 새디스트적인 인물은 정력적이고 대담하며 의지가 강한 지배자 타입이고, 매저키스트적인 인물은 의지가 약하고 겁이 많으며 온순한 복종형 타입입니다. 이런 요소는 어렸을 때부터 선천적으로 지니고 있는 경우가 많습니다.

예를 들어 새디스트적인 남자 아이는 활발하고 명랑한, 이른바 골목대장 타입이고 매저키스트적인 남자 아이는 그룹 안에서도 위축되어 있으며 끊임없이 누군가의 보호를 원합니다.

한편 새디스트적 여자 아이는 남자 아이와도 태연하게 싸워서 이기곤 하며 매저키스트적 여자 아이는 얌전하고 눈에 띄지 않는 존재로 언제나 새디스트적 여자 아이의 말에 복종하곤 합니다.

어른이 되면 그 경향은 더 더욱 두드러지게 나타납니다. 새디스트적 여성은 무슨 일에도 적극적이고 투쟁심이 강하며 여성들의 사이에서는 우두머리와 같은 존재가 됩니다. 또 매사에 자신만만하고 유능해서 여성 기업가 중에는 이런 타입이 많다고 합니다. 만약 그 여성이 미인이라면 한 남성에게 정착하지 않고 수많은 남성들을 쥐고 흔들게 될 것입니다.

그와는 대조적으로 매저키스트적 여성은 헌신적인 타입입니다. 남성을 차버리는 것이 불가능해서 마음에 들지 않는 남성이라도 상대가 원하면 교제를 승낙해 버리기도 합니다. 또 강인하게 밀어붙이면 '노(No)' 라고 말하지 못하고 무슨 말이든 들어줍니다. 매저키스트적 여성은 새디스트적 남성에게 극도로 약해서, 이런 남성에게 심한 꼴을 당하거나 돈을 뜯기는 여성은 대부분 매저키스트적인 요소가 강한 타입이라고 합니다. 또 속거나 버림받았다는 것을 알게 된 후에도 미워하기는커녕 상대를 감싸기도 합니다.

새디스트적 남성은 적극적이고 대담하며 도박을 좋아하는 사람이 많습니다. 일시적인 쾌락을 추구하는 향락주의자로 연애를 할 때에도 마음에 드는 여성이 있으면 곧 접근을 시도합니다. 이런 새디스트적 남성에게 헌신적인 매저키스트적 여성은 매우 편리한 존재일 것입니다.

새디스트와 매저키스트는 서로에게 끌리기 쉽다고 합니다. 앞에서 언급한 C 씨의 연인도 새디스트적 남성일 가능성이 높을 것입니다.

한편 매저키스트적 남성은 연애를 할 때에도 정신적인 결합에 집착해서 여성에게 섬세한 애정을 쏟습니다. 또 사랑을 고백할 때에도 오랫동안 가슴속에 묻어둔 마음을 솔직하게 표현하지 못하고 선물을 이용하거나 제3자에게 의존하는 등 간접적인 방법으로 감정을 전달합니다. 도중에 나타난 새디스트적 남성에게 애인을 빼앗기는 경우도 많은데 결혼해서 원만한 부부 관계를 유지할 수 있는 것은 새디스트적 여성입니다. 행동적이고 투쟁심이 강한 아내와 오로지 아내에게 헌신하는 남편이라는 구도입니다.

당신에게는 새디스트와 매저키스트 중 어떤 요소가 많습니까?

　이 두 타입의 결정적인 차이는, 새디스트는 실연을 당했을 때 체념이 빠르고 결코 자신을 책망하지 않지만 매저키스트는 언제까지나 자신을 괴롭히며 상처받음으로써 오히려 쾌감을 맛보는 경향이 있다는 점입니다.

애용품으로 알 수 있는 상대의 장래성

당신 애용품은 무엇입니까?

여성이라면 핸드백이나 지갑 또는 화장품 주머니 등 평소 갖고 다니는 물건을 대답할 것입니다.

남성의 경우에는 구두나 지갑, 만년필이라고 대답하거나 또는 '하나도 없다' 고 대답하는 사람도 많을 것입니다.

그러나 그런 남성이라도 버리지 않고 방에 놓아둔 물건이 있을 것입니다. 그런 물건들도 애용품에 포함한다면 틀림없이 다양한 대답이 나올 것입니다.

■과거 회귀형인가 현재 중시형인가

애용품을 보면 그 사람이 과거, 현재, 미래 중 어느 것을 중시하고 있는지 알 수 있다고 합니다.

예를 들어 고장난 카메라나 안경 또는 신지 않고 내버려 둔 구두 등을 추억이 있다는 이유로 버리지 않고 갖고 있는 사람 중에

는 과거 회귀주의자가 많습니다. 생활이나 환경의 변화를 좋아
하지 않고 무엇을 해도 언제나 같은 방식을 고수하는 완고한 타
입으로 좋아하는 음식이나 취향도 변하지 않습니다.

일반적으로 여성은 유행에 민감하고 시대의 변화에 자신을 맞
춰 나가는 순응적인 면을 지니고 있는 반면 남성은 보수적이며
과거에 집착하는 경향이 강합니다.

이른바 '콜렉터(Collector)' 라 불리는 수집가도 대부분 남성이라
고 합니다. 콜렉터 중에는 미니카(Minicar), 프라모델 (Plamodel),
우표나 완구를 수집하는 사람도 적지 않은데 그 이유는 '어렸을
때부터 좋아했으니까', '어렸을 때 갖고 싶었으니까' 라고 합니
다.

이런 남녀 간의 차이는 실연당한 후의 행동을 보면 잘 알 수

있습니다. 남성은 헤어진 연인의 사진이나 편지를 버리지 못하고 남겨두지만 여성은 다른 연인이 생기면 재빨리 처분해 버린다고 합니다. 또 그럼에도 불구하고 여성은 옛 연인에게 선물 받은 반지나 핸드백은 실용품으로 사용하곤 하는데, '처분하기 아까우니까' 라는 이유 때문일 뿐 옛 연인에 대해서는 완전히 잊어버리고 있는 경우가 많습니다.

그럼 생활필수품이나 현재의 취미를 반영하는 물건이 애용품인 사람은 어떤 타입일까요.

이런 타입은 '현재가 제일 중요하다' 고 생각하는 현재 중시형으로 여성이 압도적인 숫자를 차지하고 있지만 남성도 적지는 않습니다. 최근 증가하고 있는 것은 '어쨌든 지금 행복하면 그만이다. 앞일은 생각하지 않는다' 라는 현재 편중형으로, 이런 타입은 눈앞의 욕구를 충족시키는 것만 생각하고 있습니다. 원하는 것을 닥치는 대로 샀다가 결국 대금을 지불하지 못해서 파산하는 사람도 이런 부류에 해당됩니다.

그에 비해 미래형은 두 종류로 나눠집니다.

먼저 새로운 것을 좋아하고 뭐든지 시도해 보고 싶어하는 타입은 미래 지향형이라고 합니다.

과거 회귀주의자는 매너리즘에 빠지기 쉬운 탓에 치매에 걸릴 가능성이 높지만 이런 타입 중에는 나이를 먹어도 사고가 유연한 사람이 많습니다. 또 끊임없이 뭔가에 흥미를 지니고 도전 정신도 왕성하지만 단점은 무슨 일에든 쉽게 질린다는 점입니다.

또 하나의 타입은 미래 투자형입니다. 이 타입은 ① 주식 등에 투자하는 사람, ② 자격을 취득하는 등 자기 투자를 하는 사람, ③ 노후의 안정을 위해 인내하고 저축하는 사람, 이 세 가지로 분류됩니다.

③은 '오늘의 50냥보다 내일의 100냥'이라는 사고방식을 지닌 타입으로, 미래를 위한 저축형이라고 바꿔 말할 수도 있습니다. 이런 타입의 사람에게는 새로운 것에 도전하거나 유행하는 물건을 사는 여유는 없습니다. 옷도 한 번 사면 오랫동안 입는 타입으로 추억을 위해서가 아니라 단순히 돈을 아끼기 위해 절약하고 있는 것뿐입니다.

이런 **화장**을 하는 **여성**은 바람둥이!

당신이 가장 정성껏 화장하는 것은 다음 중 어느 부분입니까?

A. 눈

B. 눈썹

C. 입술

D. 손 또는 손톱

E. 얼굴 전체

■여성은 화장이라는 가면 속에 본심을 숨기고 있다

여성이 화장을 하는 것은 '조금이라도 아름답게 보이고 싶다', '남성에게 주목받고 싶다' 라는 여자만의 표현 방법입니다. 실제로 여성은 화장 하나로도 같은 여성이라고는 생각할 수 없을 만큼 이미지가 달라지곤 합니다.

또 화장은 여성의 변신을 위한 필수품이자 본심을 숨기기 위한 가면이기도 합니다.

그럼 이제부터 화장법을 통해 성격과 숨겨진 욕구에 대해 살펴보도록 하겠습니다.

A. 눈

젊음과 아름다움을 강조하고 싶어하는 타입입니다. 특히 짙은 아이섀도로 눈매를 강조하는 여성은 충동적이고 자의식이 강하며 눈에 띄고 싶어하는 성격입니다. 자신을 주위에 인식시키고자 하는 욕구가 강하고 다른 여성과 자신을 비교하며 자기만족을 하거나 다른 여성보다 못하다는 생각에 침울해지곤 합니다.

또 이런 타입은 밝고 개방적이며 뒤끝이 없는 성격이지만 바람기가 많은 것이 단점이며 자존심이 강한 만큼 자신을 칭찬해주는 남성에게 마음이 기울어지기 쉽습니다.

한편 아이섀도가 흐리고 자연스러운 화장을 선호하는 사람은 성적인 것에도 관심은 있지만 그보다는 지적인 것을 추구하는 경향이 강합니다.

B. 눈썹

요즘에는 얇은 눈썹이 유행이라 일부러 눈썹을 밀고 덧 그리는 사람도 많은데, 이런 사람은 눈가를 강조하는 사람과 마찬가지로 자신의 젊음과 아름다움을 과시하고픈 욕구가 강한 타입입니다. 또 눈가보다 눈썹에 포인트를 주는 여성은 자신의 외모에 상당한 자신감을 지니고 있는 타입입니다. 단, 중년 이상의 여성이 눈썹을 강조하는 것은 육체적이나 정신적으로도 노화를 느끼고 있다는 증거입니다. 여성의 얼굴에서 가장 노화가 빠른 것은 눈가이기 때문에 눈 주위를 커버하려고 눈썹을 강조하는 것입니다. 즉, 젊은 여성에게 남성을 빼앗기지 않기 위한 화장이라고도 할 수 있습니다.

C. 입술

입술을 강조하는 여성은 성에 대한 관심이 높은 타입입니다.

입술 화장에 걸리는 시간과 성적인 원숙도는 밀접한 관계가 있다고 합니다. 소녀가 성적인 것에 흥미를 갖기 시작하고 어머니를 흉내 내서 장난으로 몰래 화장을 할 때 처음으로 사용하는

화장품이 립스틱인 것도 그 때문입니다.

일반적으로 독신녀보다 기혼자가 입술 화장을 중시한다는 설이 있는데, 요즘에는 성적인 경험이 풍부한 미혼녀도 적지 않으므로 그리 맞는 얘기는 아닐지도 모릅니다.

D. 손 또는 손톱

자기를 과시하고자 하는 욕구가 강한 타입입니다. 정성껏 손톱을 손질하고 매니큐어를 바르는 여성은 어떠한 물건에 대한 욕심이 많고 히스테릭한 경향이 있다고 합니다.

E. 얼굴 전체

파운데이션은 피부의 기미가 감춰질 정도로 사용하는 것이 일반적인데, 짙은 파우더를 사용하여 얼굴 전체를 깨끗하게 화장하는 여성은 수수하고 내향적이며 유행에 무관심하고 도덕관념이 강한 보수적인 타입입니다.

화장의 목적은 맨 얼굴을 숨기는 것이기도 합니다. 따라서 이런 여성은 속내를 잘 드러내지 않고 남에게 쉽사리 마음을 허락하지 않는다고 합니다.

되고 싶은 **동물**로 알아보는
속마음과 **심리**

만약 다시 태어난다면 다음 중 어떤 동물이 되고 싶습니까?
또 왜 그 동물이 되고 싶은지 그 이유를 생각해 보세요.

A. 새

B. 뱀

C. 사자

D. 개

E. 사슴

F. 말

G. 나비

■ **마음속에 숨기고 있는 바람**

이 테스트는 미국 어느 대학의 한 심리학자가 개발한 것을 데
이비드 · L · 콜(David · L · Cole)이 실험으로 옮겨 얻어낸 연구

결과입니다. 콜이 수백 명의 대학생을 대상으로 조사한 결과 이 테스트를 통해 그 사람이 마음속에 품고 있는 욕망과 바람, 그리고 그 사람의 감정, 경향 등을 판단할 수 있었다고 합니다.

이 질문의 포인트는 동물의 종류가 아닌 '그 동물이 되고 싶은 이유' 입니다.

예를 들어 '자유롭게 살 수 있어서' 라는 이유로 '고양이' 를 선택한 사람은 '원하는 대로 살고 싶다' 는 바람과 '자신은 자유롭지 못하다' 는 불안이 그 대답에 나타나 있는 것입니다.

이처럼 어떠한 대상을 지각할 때 개체의 흥미와 욕구가 반영되는 것을 '투사' 라고 합니다. 심리 테스트 중에는 그림이나 글을 주고 연상되는 것을 말하게 해서 내면을 투사하게 하는 방식이 많습니다.

A. 새

'언제든지 가고 싶은 곳으로 날아갈 수 있다' 고 대답한 사람은 도피 욕구가 강한 타입이며 같은 새라도 공작처럼 아름다운 새를 선택한 사람은 허영심이 강하고 눈에 띄기를 좋아하는 타입이라고 합니다.

B. 뱀

뱀은 성(性)을 상징하는 동물로 알려져 있습니다. 뱀이라고 대답한 사람은 성적인 욕구 불만을 느끼고 있는 것입니다.

C. 사자

지배하고자 하는 욕구가 강한 사람일수록 강한 동물을 선택하는 경향이 있습니다. 사자는 백수의 왕이라 불리는 강한 동물입니다. 따라서 사자를 선택한 사람은 사람들의 위에 군림하고 싶다는 욕구가 강하지만 현실에서는 그 욕구가 이뤄지지 않아서 불만을 품고 있는 것입니다.

D. 개

상냥한 주인의 곁에서 하루 종일 자고 싶다고 생각하며 휴식을 원하고 있습니다.

또 대형 견을 좋아하는 사람 중에는 행동적이고 유능한 사람이 많습니다. 여성도 출세하고 싶은 욕심이 강한 사람일수록 대형 견을 키우고 싶어하는 경향이 있다고 합니다.

반대로 집 안에서 키우는 소형 견을 좋아하는 사람은 남을 돌봐주기를 좋아하는 타입입니다. 클럽의 여성 경영자들 중에는 소형 견을 키우고 있는 사람이 많다고 합니다.

E. 사슴

사슴은 아름답고 우아한 동물입니다. 따라서 사슴을 선택한 사람은 미에 대한 동경이 강하고 우아하게 살고 싶다는 바람을 갖고 있는 것입니다.

F. 말

경마를 좋아하는 사람이라면 '발이 빠르다', '경마에 우승해서 주목을 받고 싶다' 라는 이유로 말을 선택한 사람도 있을 것입니다. 초원을 달리는 화려한 말의 모습이 좋다는 사람도 있겠죠.

서러브레드(주:Thoroughbred, 영국산 말)처럼 고귀한 이미지를 지닌 말을 떠올린 사람은 자존심이 강하고 타인으로부터 찬사받고 싶은 욕구가 강한 타입입니다.

G. 나비

아름다운 나비를 선택한 사람은 화려한 것과 아름다운 것에 대한 동경이 강한 사람입니다.

마음에 드는 곳으로 우아하게 날아가고 싶다는 이유를 든 사람은 현실에서 도피하고 싶거나 바람을 피우고 싶다는 바람을 지니고 있는 것입니다.

이 실험에 의하면 동물을 좋아하는 이유 속에는 그 사람의 성격도 투영되어 있다고 합니다.

개를 좋아하는 사람 중에는 '주인을 배신하지 않는다', '충성스럽다' 라는 특징을 든 사람이 많은데 바로 그것이 그 사람 자신의 장점이라고 할 수 있습니다.

또 학생들을 대상으로 실험한 결과 이유의 80% 이상이 다음 네 가지 중 하나에 해당되었다고 합니다.

· 목적을 실현하고 싶다

동물의 종류를 불문하고 'OOO로부터 해방된다', 'OO를 지배할 수 있다'는 이유는 자신의 목적을 실현하고 싶다는 마음의 표현입니다.

· 사회에 공헌하고 싶다

'사회를 위해서', '세상을 위해서', '사람들을 돕기 위해서'라는 이유는 사회적인 책임감을 나타내는 것입니다.

· 인정받고 싶다, 눈에 띄고 싶다

아름답고 우아한 동물을 선택한 사람은 타인에게 인정받거나 찬사받고 싶은 욕구가 강하고 허영심이 많은 타입입니다.

· 자유를 얻고 싶다

'무리에 속하지 않고 자유롭게 살 수 있다', '내 마음대로 생활할 수 있다'는 이유는 현실 도피 욕구의 표현으로 자신감이 없고 불안을 느끼고 있다는 증거입니다.

이처럼 좋아하는 동물과 그 동물이 되고 싶은 이유를 통해 숨겨진 바람과 욕구를 알 수 있습니다. 주위 사람들에게 장난 삼아 물어보면 의외의 대답이 돌아올지도 모릅니다.

빚을 갚을 때의 대응으로 상대의 출세도를 알 수 있다

갑자기 큰돈이 필요해져서 친구로부터 돈을 빌렸습니다. 그러나 '아무 때나 갚아도 좋다' 고 말했던 친구는 며칠 후 갑자기 돈이 필요해졌다며 일부만이라도 좋으니 돌려달라고 요구해 왔습니다.

당신이라면 이럴 때 어떻게 대응하겠습니까. 다음 중 가장 가까운 것을 골라보세요.

A. 일단 일부만이라도 돌려주고 계획을 세워서 갚아 나간다

B. 아직 사정이 여의치 않다고 설명하고 갚는 기간을 연장한다

C. 다른 사람에게서 빌려서 요구한 금액만큼을 돌려준다

D. 물품으로 돌려준다

E. '갚을 수 있을 때 갚겠다' 는 생각에 당장 갚지 않는다

■선물의 보답을 바라는 것은 어느 타입?

A. 성실한 견실형

꾸준하게 실적을 쌓아 나가는 노력가 타입으로 정직하고 책임감이 강해서 주위의 두터운 신뢰를 얻고 있지만 재미없는 사람이라는 평가를 받기 십상입니다. 요령이 나쁜 탓에 남들이 꺼리는 일을 떠맡게 되거나 개인적인 시간까지도 회사를 위해 희생하는 경우가 많습니다. 성실한 것은 좋지만 일도 적당히 하는 것이 어떨까요. 때로는 술을 마시거나 떠들썩하게 놀며 스트레스를 풀 필요도 있습니다.

B. 넉살 좋은 아부형

상사의 비위를 맞추거나 파벌 등의 인간관계를 이용하여 실력이 없어도 남의 힘으로 출세하는 타입입니다.

눈치가 빠르고 요령도 좋아서 여성에게도 인기가 많지만 다른 사람을 의지하는 버릇이 몸에 배어 있어서 위급할 때는 의지가 되지 않습니다. 또 상사에게 아부만 해서는 동료들의 신뢰는 얻을 수 없을 것입니다.

C. 자기 실현 지향형

서열이나 파벌, 직함 등에 얽매이지 않고 일을 통해 만족감을 얻고 싶어하는 타입입니다. 또 다소 지위가 내려가더라도 자신의 능력을 발휘할 수 있는 일을 하고 싶다는 생각을 갖고 있어서 높은 지위를 손에 넣더라도 틀에 박힌 일이나 보람없는 일에는 의욕을 잃어버리기 쉽습니다.

이런 타입 중에는 자신만만하고 성취욕이 강한 사람이 많은데, 목적 의식이 높은 만큼 일이 잘 진행되지 않으면 곧 초조함을 느끼게 됩니다.

너무 일에만 매달리지 말고 기분 전환을 하는 것도 좋을 것입니다.

D. 뇌물형

뇌물이나 선물은 상대에게 뭔가를 얻기 위한 수단입니다. 이런 타입의 사람은 사사건건 구실을 만들어서 선물을 주곤 합니다. 상사에게는 명절은 물론 생일이나 집안의 대소사에도 선물을 잊지 않습니다. 연인에게 잘 보이고자 하는 욕심에 고가의 물건을 선물하곤 하는데, 그것이 지나치다 보면 상대는 감사하기는커녕 당신을 편리한 존재 정도로 인식해 버릴지도 모릅니다.

E. 고잉 마이 웨이(Going My Way) 형

자유를 사랑하고 속박을 싫어하는 타입입니다. '집과 회사만 오가는 인간은 되고 싶지 않다', '주어진 일만 하면 된다', '일하는 것은 수입을 얻기 위해서다' 라는 생각을 갖고 있으며 퇴근 후에는 개인의 생활을 즐기고 싶어합니다. 또 삶의 진정한 보람은 다른 곳에 있다고 생각하고 있어서 출세나 승진에는 그다지 흥미가 없습니다.

시간 활용을 잘하고 정신적으로도 자기 조절을 잘하는 편이어서 스트레스가 쌓이지 않으며 이해와 득실을 따지지 않기 때문에 인간관계도 원만한 편입니다. 최근의 젊은 직장인 중에는 이런 타입이 증가하고 있다고 합니다.